플라톤,
국가를
상상하다

2018년 9월 24일 제1판 제1쇄 발행

지은이   안덕훈
그린이   신소현
펴낸이   강봉구

펴낸곳   작은숲출판사
등록번호 제406-2013-000081호
주소   413-170 경기도 파주시 신촌로 21-30(신촌동)
서울사무소 100-250 서울시 중구 퇴계로 32길 34
전화   070-4067-8560
팩스   0505-499-8560

홈페이지 http://cafe.daum.net/littlef2010
페이스북 http://www.facebook.com/littlef2010
이메일   littlef2010@daum.net

©안덕훈, 신소현

ISBN 979-11-60351-049-4   43610
값은 뒤표지에 있습니다.

열세 살 내 인생

내 인생의 첫 고전

안덕훈 글
신소현 그림

작은숲

차례

머리말

2400년의 세대 차이를 뛰어넘는 대화

1

『국가』는 지금으로부터 약 2400년 전에 고대 그리스의 철학자 플라톤이 쓴 책입니다. 플라톤은 스승인 소크라테스가 여러 사람들을 만나 나누었던 대화를 바탕으로 자신의 생각을 포함하여 이 책을 완성했다고 합니다. 『국가』는 총 10권으로 이루어져 있는데, 전체의 주제를 한마디로 말한다면 '올바름' 즉 정의라고 할 수 있습니다. 플라톤은 정의를 찾아가는 과정으로 올바른 국가의 모습은 어떠해야 하는지, 참된 진리는 어디에 어떻게 존재하는지, 인간이 추구해야 할 가치는 무엇인지를 대화의 방식으로 정리하여 이 책에 담았습니다.

그러므로 플라톤의『국가』를 읽는 것은 단지 한 권의 책을 읽는 데 그
치는 것이 아니라 정의와 진리를 찾아 여행을 떠나는 것과 같습니다. 그
여행을 안내하는 사람은 바로 저자인 플라톤과 주인공 소크라테스이지
요. 오랜 세월이 흐르는 동안 전 세계 수많은 사람들이『국가』를 읽고 '정
의와 진리를 향한 여행'을 떠났습니다. 인류가 존재하는 한 여행의 행렬
은 앞으로도 계속될 것입니다.

2

　중학생이 된다는 것, 그것은 '정의와 진리' 같은 철학적인 주제에 대해
고민해 볼 시기가 되었다는 뜻이기도 합니다. 그러나 아직은 어렵고 두
꺼운 철학 서적을 읽기가 쉽지 않습니다. 그래서 이런 생각을 해 보았습

니다. 한국의 청소년들이 '정의와 진리를 향한 여행'을 하는 데 쉽고 친절한 안내서가 있으면 어떨까?

『플라톤, 국가를 상상하다』는 여러분들이 떠나는 '정의와 진리를 향한 여행'의 안내서입니다. 여러분을 안내할 사람은 철학자 플라톤 선생님과 그의 스승 소크라테스 할아버지입니다. 그리고 또 한 사람이 있습니다. 바로 여러분과 같은 중학생 친구 한까칠 학생입니다. 한까칠 학생은 까칠하고 호기심이 많습니다. 플라톤과 소크라테스 두 철학자 선생님도 한까칠 학생의 까칠한 질문을 피해갈 수 없습니다.

3

2400년 전 철학자 플라톤과 소크라테스가 생각한 정의, 진리 그리고

국가의 모습은 여러분이 생각하고 있는 것과 공통점도 있고 차이점도
있을 것입니다. 여러분도 한가칠 학생과 함께 철학자 선생님들을 향해
질문을 던지고 열띤 토론을 펼쳐 보세요. 2400년의 세대 차이를 훌쩍 뛰
어넘는 위대한 대화가 될 것입니다.

2018년 가을을 기다리며

안덕훈

『국가』는 플라톤이 쓴 책이지만 주인공은 플라톤이 아니라 스승인 소크라테스입니다. 소크라테스가 다양한 사람들을 만나 나눈 대화를 제자인 플라톤이 정리한 책이기 때문이죠.

소크라테스는 살아 있는 동안 책을 쓰지 않았습니다. 우리들이 알고 있는 소크라테스의 이야기는 대부분 그의 제자인 플라톤이 쓴 책을 통해 전해진 것입니다. 플라톤은 스승님을 너무도 존경하여 살아생전에 소크라테스가 했던 대화를 상세하게 기록하고 책으로 남겼습니다. 그 과정에서 자신의 생각도 어느 정도 포함되었을 것입니다. 그러므로 소크라테스의 사상은 곧 플라톤의 사상이기도 하죠.

이 책에서는 '한까칠'이라는 중학교 1학년 학생이 주인공으로 등장합니다. 까칠이는 플라톤, 소크라테스와 질문과 답변을 주고받으며 어려운 철학 사상을 하나둘 이해하게 됩니다. 이 책을 읽는 친구들도 한까칠 군과 함께 중학생으로서 겪는 고민과 의문을 떠올리면서 철학의 세계를 여행하게 될 것입니다.

지혜중학교 예비 입학생 한까칠 군은 중학교 입학을 앞두고 멋진 선물을 받았답니다. 바로 스마트폰입니다. 까칠이는 초등학교 4학년 때부터 부모님께 스마트폰을 사달라고 졸랐습니다. 하지만 부모님은 이렇게 말씀하셨죠.

　"넌 아직 4학년이잖니. 스마트폰을 갖기에는 아직 어려."

　5학년이 되자 까칠이는 스마트폰을 갖게 될 것이라는 기대에 부풀었습니다. 하지만.

　"스마트폰 때문에 게임 중독에 빠졌다는 뉴스 못 봤니? 6학년 때까지 기다려."

　부모님은 이번에도 까칠이의 소원을 들어주지 않았습니다. 1년을 더 기다려 6학년이 되었을 때 까칠이는 드디어 스마트폰을 갖게 될 것이라

고 생각했습니다. 그러나 이번에도.

"엄마 친구 아들이 스마트폰 때문에 성적이 30점이나 떨어졌대."

까칠이도 더 이상 참을 수 없었습니다.

"엄마! 약속이 틀리잖아요? 약속을 지키지 않는 것은 올바른 행동이 아니에요!"

까칠이의 까칠한 항의를 들은 엄마는 뭐라고 했을까요?

"…."

엄마는 놀란 눈으로 까칠이를 바라보면서도 아무 말도 하지 않았습니다. 대신 마침 들고 계시던 호박으로 까칠이의 머리통을 한 대 쥐어박았습니다.

"아얏!… 폭력이 정의를 무참히 짓밟는구나…."

다시 1년이 지났습니다. 중학교 입학을 앞두었지만 까칠이는 더 이상 기대를 갖지 않았습니다. 기대가 크면 실망도 크다는 것을 세 번씩이나 경험했기 때문이죠. 그런데 이게 웬일입니까.

"까칠아! 크리스마스 선물 겸, 새해 선물 겸, 졸업 선물 겸, 입학 선물이다."

엄마는 까칠이에게 스마트폰을 내밀며 이렇게 말했습니다. 네 가지 기념일을 겸한 선물이었지만 까칠이는 뛸 듯이 기뻤습니다.

"기분 짱이다! 드디어 나도 스마트폰이 생겼다!!!"

그날 이후로 까칠이는 당연히 스마트폰을 끼고 살았겠죠. 밥을 먹을 때나 친구들을 만날 때 학원에 갈 때, 심지어는 잠을 잘 때도 까칠이의 손에는 스마트폰이 쥐어져 있었습니다. 한순간도 까칠이의 손에서 폰이 떠나는 경우는 없었습니다.

그날 밤도 예외가 아니었습니다. 자정을 넘은 시간까지 스마트폰을 들여다보다가 새벽이 되어서야 막 잠이 들었습니다. 까칠이는 잠결에 스마트폰이 부르르 떠는 소리를 들었습니다. 보통의 진동음과는 달리 유난히 묵직한 느낌이었습니다. 그 진동은 마치 힙합 가수의 강렬한 비트박스처럼 까칠이 심장으로 전해졌습니다.

한까칠님께 초대장이 발송되었습니다.

철학학교 〈아카데미아〉
교장 플라톤

호기심에 '초대에 응하기' 버튼을 터치하자 난생 처음 보는 '앱'이 자동으로 깔리더니 대화창이 열렸습니다.

까칠군 방가방가.

...

 응답하라 까칠 군.

...

 소문대로 까칠한 학생이군.

누구세요?

 나는 〈아카데미아〉교장 플라톤 선생이야. 보통 플쌤이라고 부르지

아카데미아? 학원 이름 같은데….

 맞아. 설명하자면 길지만 세상에서 가장 오래된 학원이라고 생각하면 돼.

얼마나 오래됐는데요?

내가 B.C.387년에 아카데미아를 만들었으니까. 약 2400년이 넘었군.

지금 장난함?

까칠이는 '웬 들보잡이 장난이야?'라고 중얼거리며 다시 잠자리에 들었습니다. 다시 묵직한 진동이 울리며 잠을 방해하자 까칠이는 무음 모드로 바꿔 놓고 깊은 잠에 빠져들었습니다.

 까칠 군! 나 진짜 플라톤이야. 철학자라구.

zzz.

 한까칠. 야! 까칠아 인마.

zzz.

 짜식 진짜 까칠한 녀석이군 쩝. 암튼 어렵고 고민되는 일 있으면 날 찾아라.

 플라톤, 국가를 상상하다

철학자 플라톤과 한까칠 군의 첫 만남은 이렇게 별 의미 없이 끝나고 말았습니다. 하긴 2400년의 세대 차이를 극복하려면 조금 시간이 필요하겠지요.

Chapter 1

올바름이란?

이제 본격적으로 플라톤의『국가』내용이 시작됩니다.

소크라테스가 피레우스라는 곳에서 '달의 여신'을 기념하는 축제를 구경하고 아테네로 돌아오던 중이었죠. 그곳에서 케팔로스라는 부자 노인의 초대를 받아 그의 집으로 방문합니다. 케팔로스의 집에서 소크라테스는 '올바름'에 대해 여러 사람들과 대화를 나누게 됩니다.

소크라테스의 대화 상대는 케팔로스, 폴레마르코스, 트라시마코스 등이었습니다. 이 책에서는 그들 대신 한까칠 군이 대화 상대가 되어 '올바름'이란 무엇인지에 대해 대화를 나누게 됩니다.

중학교는 초등학교와는 많은 점에서 다릅니다. 공부해야 할 과목도 많고 지켜야 하는 규칙도 엄격하죠. 특히 까칠이 반 담임 선생님은 무섭기로 소문이 날 정도로 모든 규칙을 철저히 적용하는 분이었습니다.

　"수업시간에 휴대폰 사용은 금지다. 수업 시작 전에 휴대폰을 맡겼다가 수업 끝나면 돌려준다. 반장은 아침마다 휴대폰을 모두 걷어서 교무실로 가져오도록…. 만일 휴대폰을 사용하다가 들키면 무조건 압수한다."

　담임 선생님의 말씀이 너무 단호한 탓인지 서로 눈치만 살필 뿐 아무도 불만을 표현하지 못했습니다.

　"선생님! 쉬는 시간이나 점심시간에도 휴대폰 금지인가요?"

　까칠이가 손을 들고 질문했습니다.

"한까칠이라고 했나? 질문은 받지 않는다. 모두들 당장 휴대폰 꺼내서 제출한다. 실시!"

담임 선생님이 휴대폰을 수거한 후 교실 밖으로 나가자 아이들이 그제서야 불만을 터뜨렸습니다.

"이건 너무해."

"급히 연락할 일이 생기면 어쩌라구."

"내 꺼는 최신 스마트폰인데 잃어버리면 어떡해….."

하지만 소용없는 일이었지요.

까칠이는 혼자서 곰곰이 생각해 보았습니다.

"아무리 선생님이라고 해도 이건 올바른 일이 아닌 거 같아."

그날 밤 까칠이는 앞으로 펼쳐질 중학교 생활이 쉽지 않겠다는 생각에 통 잠을 이루지 못했습니다. 그때 머리맡에 두었던 스마트폰에서 묵직한 진동이 울렸습니다. 화면에는 〈아카데미아〉 로고가 번쩍거렸습니다.

까칠아. 기분이 꿀꿀한 모양이구나?

아저씨… 아니 플쌤이 그걸 어떻게 아세요?

 내가 개발한 최첨단 앱 〈아카데미아〉는 상대방 기분까지 분석할 수 있거든. 오늘 학교에서 무슨 일이 있었는지도 다 알고 있다. ㅋㅋ

그럼 오늘 담임 선생님이 학생들에게 올바르지 못한 명령을 내린 것도 아시겠네요.

 물론이지. 그런데 어떤 점에서 올바르지 못한 명령이라고 생각하니?

수업시간에 휴대폰 사용을 금지한다고 했는데, 쉬는 시간까지 사용할 수 없게 했으니, 선생님 스스로 약속을 어기고 거짓말을 하신 셈이죠.

 그렇다면 올바름이란 거짓이 아닌 진실을 말하는 것이겠구나.

당근이죠. 게다가 선생님은 휴대폰을 사용하다 걸리면 압수한다고 하셨어요. 그것도 올바른 것은 아니라고 생각해요.

 어째서?

교칙을 어기면 벌을 받는 것은 당연하지만, 휴대폰을 압수하는 것은 공정한 벌이 아니라 다른 사람의 물건을 빼앗는 것과 같으니까요.

그렇다면 네가 생각하는 올바름이란 '진실을 말함'이며 '무엇이든 원래 주인에게 되돌려 주는 것'이겠네.

바로 그거예요. 플쌤은 말이 좀 통하시네요. 혹시 우리 학교로 오실 생각 없으세요?

으-음, 그건 좀 곤란하고. 혹시 나의 스승님인 소크라테스 선생님 얘기를 들어 본 적 있니?

소크라테⋯. 아하! '너 자신을 알라'라고 말씀하신 분이요?

까칠이가 보기보다 똑똑하구나. '올바름'에 대해 소크라테스 스승님과 직접 대화를 나눠 보렴.

그게 가능해요?

당근이지. 〈아카데미아〉 앱은 불가능한 게 없단다.

잠시 후 화면에 새창이 열리더니 대머리에 흉측한 외모를 가진 할아버지가 나타났습니다.

 한까칠 군. '진실을 말'하고 남의 것을 '주인에게 되돌려 주기'만 한다면 올바름이라고 할 수 있을까?

전 그렇게 생각해요.

 가령 어떤 친구가 너에게 총과 칼을 맡겼다고 생각해 보자. 그런데 어느 날 그 친구가 갑작스런 충격 때문에 미쳐 버려 흥분한 목소리로 맡겨 놓은 무기를 달라고 하면 어떻게 하는 것이 올바른 행동일까?

그 상태에서는 위험한 짓을 저지를 수도 있으니 돌려주지 않는 것이 올바른 행동이겠죠.

 무기를 돌려주지 않으려면 거짓말도 해야겠지? 가령 열쇠를 잃어버렸다거나, 총이 고장 나서 수리를 맡겼다거나. 아니면 아예 모른 체 쌩까거나….

그래야겠죠….

 그렇다면 진실을 말하고 주인의 것을 주인에게 되돌려 준다고 해서 반드시 '올바른' 것은 아니군.

…….

할 말이 없어진 까칠이는 입맛을 다시고 있을 수밖에 없었죠. 그때 소크라테스 할아버지가 슬그머니 사라지더니 '까꿍' 소리와 함께 플라톤 쌤이 나타났습니다.

 스승님과의 대화는 어땠니?

맞는 말이긴 한데, 뭔가 뒤통수를 맞은 기분이에요. 그 할아버지의 생긴 것도 맘에 안 들고….

 사람을 외모로 판단하는 것은 올바른 태도가 아니지. 하긴, 스승님이지만 내가 생각해도 소크라테스 선생님 외모는 좀 그래…. 이건 비밀이다.

그나저나 학교 생활이 고달프게 생겼어요.

까칠이는 '올바름'에 대해 다시 생각해 보았어요. 소크라테스 할아버지에게 허를 찔린 것 같아 조금은 약이 오르기도 했지요. 까칠이는 속으로 못생긴 소크라테스 할아버지의 코를 납작하게 해줄 수 있는 방법을 생각했습니다. 한참을 생각하던 까칠이가 뭔가 생각이 떠올랐는지 스마트폰을 들었습니다.

소크라테스 할아버지!

 왜? 더 따질 게 있냐?

'올바름'이란 좋은 친구에게는 이익을 주고 나쁜 적에게는 손해를 주는 것이라고 생각하는데, 이것도 잘못된 건가요?

 네 말도 일리가 있다. 가령 전쟁에 나간 군인이 아군에게 이롭게 하고 적에게 손해를 준다면, 군인으로서 '올바른' 행동이 될 테니까.

ㅎㅎ

 하지만 상대방이 좋은 친구인지 나쁜 적인지를 정확히 판단할 수 있을까? 혹시 반대로 판단할 가능성도 있지 않을까?

물론 그럴 수도 있겠죠.

 그렇다면 친구를 해롭게 하고 적을 이롭게 할 수도 있겠군.

플라톤, 국가를 상상하다

28

잘못 판단했을 때는 그렇겠죠.

그렇다면 진정으로 올바른 사람이라면 섣불리 상대를 적으로 생각해서 해롭게 해서는 안 되겠군.

그렇겠네요.

결국 '올바름'을 실천하려면 친구이든 적이든 다른 사람을 해치는 경우는 절대 있어서는 안 되는 것이겠지.

….

이번에도 까칠이는 입을 다물 수밖에 없었습니다. 질문을 하기만 하면 번번이 딴죽을 거는 소크라테스 할아버지가 야속했습니다. 약이 바짝 오른 까칠이가 이번에는 작정을 하고 달려들었습니다.

소크라테스 할아버지는 제 말에 토만 달지 마시고 정답을 말씀해 보세요. 도대체 '올바름'이란 뭐죠?

짜식! 소문대로 까칠한 성격이구먼. 말문이 막힌다고 성질을 내면 대화가 되겠니?

질문에 대답은 안 하시고 거꾸로 묻기만 하시니까 그렇죠.

 그럼 네가 생각하는 올바름에 대해 말해 보거라.

아직 어리지만 저도 세상물정은 안다고요. 결국 '올바름'이란 권력을 가진 사람들의 이익일 뿐이에요.

 왜 그렇게 생각하지?

대답은 안 하시고 또 묻기만 하시는군요.

 흥분하지 말고 말해 봐라.

그럼 제가 말씀드리지요.

 그래라!

어느 시대나 국가의 권력자는 자기의 이익을 실현하기 위해 법과 제도를 만들죠. 왕은 자기 권력을 유지하기 위해 법을 만들고 그것을 올바른 것이라고 말해요. 히틀러 같은 독재자도 자기 맘대로 만든 법을 올바르다고 선전하고 강요했잖아요. 민주주의도 근본적으로는 다르지 않다고 생각해요. 민주국가의 권력자는 국민이고 국민의 이익을 추구하는 것이 민주주의니까요.

플라톤, 국가를 상상하다

와우! 제법인 걸. 계속해 봐.

담임 선생님도 학급의 권력자죠. 휴대폰 사용을 못하게 하고 어기면 압수한다는 규칙을 만든 것도 권력자인 담임 선생님의 이익을 위한 것이라고 생각해요.

 그게 왜 선생님의 이익이지?

물론 겉으로는 학생들의 공부를 위해서라고 하시겠죠. 하지만 학생들을 다루기 쉽도록 만든 규칙 아닌가요? 결국 선생님의 이익을 위해 만든 규칙을 '올바름'이라고 말하는 셈이죠.

 스마트폰을 압수당할까 봐 걱정이 되는 모양이구나.

왜 대화의 본질을 왜곡하고 그러세요? 저는 개인적인 기분이 아니라 '올바름'에 대해 논리적인 설명을 하고 있거든요.

 암튼, 네 말은 권력자의 이익이 곧 올바름이라는 것이지?

그래요.

 그렇다면 보통사람들은 권력자의 말에 복종하는 것이 올바른 것이겠구나.

그렇죠. 학생들이 선생님의 말씀에 복종해야 하는 것처럼요.

 하지만 권력자도 사람인 이상 실수로 자신에게 이익이 없거나 손해를 가져오는 명령을 내리는 경우도 있을 수 있겠지?

그렇겠죠. 권력자도 완벽한 것은 아니니까요 그런 실수를 할 수 있겠죠.

 만일 권력자가 실수로 자기에게 손해가 되는 일을 명령을 내렸 더라도 보통사람들은 그 명령에 따르는 것이 올바른 것이겠지?

그렇겠지요.

 그렇다면 권력자의 이익이 곧 올바름이라는 네 말은 틀린 거네.

또 딴죽을 거시네요. 그건 실수했을 때잖아요.

 네 입으로 권력자도 실수할 수 있다고 했잖니?

완벽한 권력자라면 그런 실수는 하지 않을 거예요.

 으음…. 그렇다면 권력자 말고 의사의 예를 들어 보자.

의사도 마찬가지죠. 의사는 돈을 벌기 위해서 환자를 치료 하니까.

그렇다면 환자들이 병원에 가는 이유가 의사들에게 돈을 벌게 해 주기 위해서일까?

그건….

혹시 슈바이처 박사나 장기려 박사 같은 훌륭한 의사 선생님 이 야기 들어 봤니?

그럼요, 그분들은 환자들을 위해 자신을 희생한 훌륭한 의 사 선생님들이죠.

만일 그분들처럼 완벽하고 훌륭한 의사가 있다면, 그 의사는 자 신의 이익을 위해서 환자를 치료할까?

그렇지 않겠죠.

아까 넌 완벽한 권력자는 오로지 자신의 이익을 위해 행동한다 고 했지?

그랬죠.

완벽한 의사는 자신의 이익보다 환자의 이익을 위해 일하는 것 처럼, 완벽한 통치자 역시 자신의 이익뿐 아니라 백성들의 이익 을 위해 일하지 않을까?

….

 결국 올바름이란 통치자 한 사람의 이익이라는 네 말은 잘못된 것이 아닐까? 오히려 올바름이란 더 많은 사람에게 이익을 주는 게 아닐까?

하지만 올바름을 실천하는 사람들은 매우 드물죠.

 네 말이 맞아. 그렇다면 올바름을 실천할 수 있는 사람은 어떠해야 할까?

의사를 예로 든다면 우선 의사로서 좋은 능력이 있어야겠죠.

 맞아. 환자를 치료할 수 있는 충분한 능력을 가져야 하겠지. 그것을 의사의 '지혜'라고 불러도 되겠구나. 지혜의 반대말은 '무지'가 될 것이고.

네.

 그런데 의사의 지혜, 즉 환자를 치료하는 능력만 있다고 올바름을 실천할 수 있을까?

아니요.

 또 무엇이 필요하지?

자기 이익보다 환자의 이익을 생각하는 마음이겠죠.

 자식! 똑똑하군. 그것을 '훌륭함'이라고 불러도 되겠니? 훌륭함의
반대말은 당연히 '나쁨'이 되겠지.

그렇겠죠.

 그렇다면 지혜와 훌륭함을 가진 사람이라면 올바른 사람이라고
불러도 되겠구나.

….

'올바름이 강자의 이익'이라는 주장이 무너지자 까칠이는 더 이상
소크라테스 할아버지를 반박할 수 없었습니다. 결국 올바른 사람이란
지혜와 훌륭함을 갖춘 사람이라는 결론에 동의할 수밖에 없었죠. 하
지만 그대로 물러나기에는 억울했는지 까칠이는 다시 말문을 열었습
니다.

할아버지 말씀대로라면 올바른 사람은 언제나 불행하겠군요.

 그건 무슨 소리냐?

올바른 사람은 훌륭한 사람이고 훌륭한 사람은 다른 사람의 이익을 위해 행동하니까 정작 자신은 불행하겠죠.

 으음. 제법이구나.

올바른 사람이 불행하다는 것은 뭔가 문제가 있는 거잖아요?

 세상의 모든 것에는 고유한 기능이 있단다. 가령 눈과 귀의 기능은 무엇일까?

그야 잘 보고 잘 듣는 거겠죠.

 만일 눈이 나쁜 상태라면 눈의 기능을 훌륭하게 수행할 수 없겠지?

당연하죠.

 그렇다면 세상의 모든 것들도 훌륭한 상태일 때 제 기능을 잘 발휘할 것이고 나쁜 상태라면 기능에 문제가 있지 않겠니?

물론이죠.

 그렇다면 인간의 영혼도 훌륭한 상태, 즉 올바른 영혼일 때 모든 일을 잘 처리하겠구나.

그렇겠죠.

 그러면 올바른 영혼을 가진 올바른 사람은 훌륭한 삶을 살겠지만 나쁜 영혼을 가진 사람은 잘못된 삶을 살겠네.

…

 훌륭한 삶을 사는 사람이 행복할까? 아니면 잘못된 삶을 사는 사람이 행복할까?

그야. 훌륭한 삶을 사는 사람이 행복하겠죠.

 조금 전에 훌륭한 삶을 사는 사람은 올바른 사람이라고 하지 않았니?

그랬죠.

 그렇다면 올바른 사람은 불행하다는 네 말과는 달리 올바른 사람이야말로 가장 행복한 사람이 되겠구나.

아놔! 소크라테스 할아버지는 또 말꼬리만 잡는군요.

까칠이는 사사건건 말꼬리를 잡는 소크라테스 할아버지 때문에 화가 났습니다. 그래서 〈아카데미아〉 앱의 대화창을 닫아 버렸습니다.

잠시 후 스마트폰이 부르르 떨리며 다시 대화창이 열렸습니다. 이
번에는 플라톤 선생님이었습니다. 배터리를 빼버리려던 까칠이가 스
마트폰을 들었습니다.

소크라테스 스승님과 대화는 어땠니?

짱나 죽는 줄 알았어요. 세상에 그런 할아버지는 처음 봐요.

스승님의 스타일이 원래 그렇단다.

가르쳐 주는 건 없고 시비만 거시니…. 그 할아버지 진짜 스
승님 맞아요?

그게 바로 소크라테스 스승님의 교육방식이란다. '대화법' 혹은
'산파술'이라고 하는데, 질문과 대답을 하면서 스스로 깨닫게 해
주는 방식이지.

그놈의 대화법인지 산파술인지 짜증만 나요.

대화를 나누는 과정에서 너 스스로 올바름이란 무엇인가를 알
게 되지 않았니.

플라톤, 국가를 상상하다

글쎄. 대화를 하긴 했는데 뭐가 뭔지 모르겠어요.

 그건 까칠이 네가 주입식 교육에 너무 익숙해서 그렇단다.
너무 걱정 말거라. 〈아카데미아〉 앱에는 '핵심정리' 기능이
있으니까.

핵심정리요? 그것도 대화법인가요?

 직접 터치해 보렴.

올바름이란?

소크라테스는 '올바름(정의)이란 무엇인가'라는 주제로 여러 사람들을 만나 논쟁을 벌인다.

케팔로스는 올바름이란 거짓이 아닌 진실을 말하는 것이고, 주인의 것을 주인에게 돌려주는 것이라고 주장했다. 이에 대해 소크라테스는 미친 사람에게 무기를 돌려주는 것이 올바른 행동이 아니라는 반대 근거를 통해 그 주장이 잘못되었음을 입증한다.

그러자 지켜보고 있던 폴레마르코스가 나서서 올바름이란 좋은 친구에게는 이익을, 나쁜 적에게는 손해를 주는 것이라고 주장한다. 이에 소크라테스는 친구와 적을 정확히 구분하는 것이 불가능하다는 점을 들어 반박한다.

대화를 지켜보던 트라시마코스는 화를 내며 소크라테스에게 항의하고 나섰다.

"당신은 대답은 안 하고 질문만 하는군. 올바름이라는 건 결국 강자의 이익 아니오?"

소크라테스는 올바름이란 모두에게 이익을 주는 것이라는 점을 논증한다. 그는 올바름을 실천할 수 있는 사람은 '지혜'와 '훌륭함'을 모두 갖춘 사람이며 훌륭한 영혼을 가진 올바른 사람은 행복하다는 결론을 이끌어 낸다.

Chapter 2

기게스의
투명반지

제2장에서는 '기게스의 반지'라는 일화를 통해 인간 개인의 본성이 이기적이고 악하다는 것을 보여 줍니다. 이기적인 개인들이 모여 올바른 사회를 만들기란 어려운 일이겠죠. 그래서 소크라테스는 국가의 필요성을 주장합니다. 개인들이 각자의 재능과 소질에 따라 고유한 능력을 발휘할 수 있다면 올바름을 실천할 수 있다는 것입니다. 그러기 위해서는 바람직한 국가가 필요하다는 결론에 이르게 됩니다.

원래 『국가』에서는 클라우콘과 아데이만토스가 소크라테스와 대화를 나누는데, 이 책에서는 한까칠 군이 두 사람을 대신하여 소크라테스와 논쟁을 이어갑니다.

드디어 첫 중간고사 날이 다가왔습니다. 중학생이 되어 치르는 첫 시험이므로 까칠이를 비롯한 학생들 모두는 긴장할 수밖에 없었죠. 까칠이도 열심히 시험공부를 했습니다. 그런데 시험 당일 아침 담임 선생님은 깜짝 놀랄 말씀을 했습니다.

"이번 중간고사는 시험 감독관 없이 치르기로 했다."

아이들이 웅성거리자 담임 선생님이 다시 입을 열었습니다.

"여러분이 올바른 마음을 가지고 있는지를 알아보기 위해서 그렇게 결정했다. 감독관이 없더라도 각자의 양심에 따라 시험을 치르도록."

선생님은 시험지를 나누어 주신 후 교실 문을 닫고 밖으로 나가셨습니다.

"복도에서 몰래 감시하시는 거 아닐까?"

창가에 앉은 아이들이 고개를 내밀고 밖을 살펴보았습니다.

"복도에도 안 계셔. 정말로 가셨나 봐."

드디어 시작종이 울리고 감독관 없는 시험이 시작되었습니다. 선생님 말씀대로 각자 문제를 풀기 시작했습니다. 그런데 30분가량이 지나자 몇몇 아이들이 슬그머니 참고서를 꺼내 보기 시작했습니다. 하지만 까칠이는 양심껏 문제를 풀었습니다. 책을 뒤적이는 소리가 자꾸 귀에 거슬렸지만 양심을 버리고 싶지는 않았기 때문입니다.

그런데 점점 문제가 심각해지기 시작했습니다. 참고서를 꺼내 보던 몇몇 아이들이 이번엔 다른 친구 답안지를 훔쳐보기 시작한 것입니다. 특히 초등학교 시절부터 우등생으로 소문난 친구 곁으로 아이들이 몰려들었습니다.

"야! 너희들 양심을 지켜."

까칠이가 화가 나서 소리를 질렀지만 교실은 이미 난장판이 되어 버린 뒤였습니다.

'나도 더 이상 양심만 지키고 있을 수는 없어!'

양심을 지키면 결국 손해만 볼 뿐이라는 생각이 들었습니다. 까칠이도 가방 속에서 참고서와 노트를 꺼내고 말았습니다.

결국 중학교 1학년 첫 시험에서 까칠이와 친구들은 올바름을 팔아먹은 파렴치한 학생이 되고 말았습니다.

"뭔가 잘못되어 가고 있는 것 같아."

집에 돌아온 까칠이는 자정이 넘도록 멍하니 책상에 앉아 있기만 했습니다. 다음 날에 수학 시험이 있었지만 책이 눈에 들어오지 않았습니다.

"맞아, 플쌤한테 상담해 보자."

꺼칠이는 스마트폰을 켜고 〈아카데미아〉 아이콘을 터치하였습니다.

 기다리고 있었다.

올바름을 실천하려고 했었는데… 기분이 안 좋아요.

 혹시 '기게스의 반지'라는 옛날 이야기 들어 봤니?

뜬금없이 웬 옛날 이야기?

 리디아 왕국에 기게스라는 양치기가 살고 있었어. 어느 날 지진이 나서 리디아 왕국에 거대한 동굴이 생겼어. 호기심이 많은 기게스는 용기를 내어 동굴에 들어갔지. 가 보니 청동 말이 있고 그 속에 사람 시체가 있었어. 시체 손가락에는 금반지가 빛나고 있었지.

공포물인가요?

들어 봐, 짜샤!

....

 기게스는 금반지를 자기 손에 끼고 동굴을 빠져 나왔어. 그런데 그 반지는 아주 특별한 것이었어.

뭐가 특별한데요.

 손가락에 끼고 있던 반지를 돌리니까 자신의 모습을 아무도 볼 수 없게 되는 것이었어.

그럼 투명인간이 된다는 거예요?

 그렇지. 반지를 안쪽으로 돌리면 투명인간이 되었다가 다시 밖으로 돌리면 원래대로 돌아오는 거야.

정말 그런 반지가 있었으면 좋겠네요.

 기게스는 그 반지를 이용해서 어떤 일을 했을까?

글쎄요…. 좋은 일에 이용하지는 않았을 것 같네요.

 맞아. 기게스는 투명반지를 이용해서 왕을 죽인 후 자기가 리디아 왕국의 왕이 되었단다.

예상대로군요.

 너에게 기게스의 반지가 있다면 뭘 하겠니?

그야….

 혹시… 여자 목욕탕에 몰래 들어가 볼 생각을 하고 있니?

그걸 어떻게….

 ㅋㅋ 이런 엉큼한 놈. 또 뭘 할래?

교무실에 몰래 가서 시험 문제를 알아내서….

 까칠이 너도 기게스처럼 올바르지 않은 일에 쓰겠다는 말이
네.

플쌤도 그럴 것 같은데요.

 인마. 그래도 난 명색이 철학자 아니냐?

가슴에 손을 얹고 솔직하게 말씀해 보세요.

 하긴… 나도 욕심이 나긴 하는구나.

플라톤, 국가를 상상하다

아무도 보는 사람이 없다면 아무리 착한 사람도 나쁜 마음을 먹게 되나 봐요.

 네가 마치 철학자처럼 말하는구나.

오늘 시험 치르면서 느낀 거예요. 올바름을 실천한다는 것은 정말 불가능한 것일까요?

 나도 잘 모르겠는 걸. 아무래도 소크라테스 스승님께 물어보는 게 좋겠구나.

플쌤은 어려운 질문만 나오면 소크라테스 할아버지한테 떠넘기시는군요.

 ㅜㅜ

플라톤 선생님은 대답도 없이 화면에서 사라졌습니다. 잠시 후

 에헴!

할아버지. 지난번에 올바른 사람은 행복하다고 했죠?

그랬지. 불만 있냐?

그런데 이게 뭐예요. 오늘 치른 시험도 그렇고 기게스의 투명반지도 그렇고… 올바른 사람은 손해만 보게 되잖아요.

 인간이라면 올바름을 추구해야 하지만 실천하기가 어려운 탓일 거다.

실천이 어려운 게 아니라 처음부터 불가능한 것 아닌가요?

 불가능이라니?

올바름을 실천하는 사람도 알고 보면 남들의 눈 때문이라고 생각해요. 오늘 시험에서도 그랬어요. 평소 착하고 모범생인 아이들도 결국 유혹을 이기지 못하고 컨닝을 했어요. 선생님이 계실 때는 어쩔 수 없이 올바르게 행동하지만 감시하는 사람이 없으니까 견디지 못하고 나쁜 행동을 하더라고요.

 하긴 착한 양치기였던 기게스도 투명반지를 얻고 나서 욕심을 냈으니 네 말에도 일리가 있다.

그렇다면 아무리 올바른 사람이라도 진심으로 올바름을 실천하는 것이 아니라 다른 사람들의 눈 때문에 그렇게 행동하는 것이겠군요.

 플라톤, 국가를 상상하다

까칠아. 우리 한 발 떨어져서 좀 크게 생각해 보자꾸나.

할아버지도 플쌤처럼 발뺌하시려는 건가요?

 짜식. 까칠하긴. 까칠아, 너 혹시 신문 자주 보니?

가끔이요. 기사는 안 보고 제목만 봐요.

 바로 그거야. 깨알 같은 글씨로 씌어진 기사는 안 읽더라도 큰 글씨의 제목만 봐도 전체의 내용을 어느 정도 알 수 있잖니.

그게 올바름하고 무슨 관계가 있어요?

 올바름의 실천을 위해서 한 사람 한 사람을 세밀하게 관찰 하기보다 '국가'라는 큰 모습을 생각해 보면 더 쉽지 않을 까? 마치 신문의 커다란 제목을 읽고 내용을 이해할 수 있 는 것처럼.

그럴 수도 있겠네요.

 자! 이제부터 본격적으로 국가에 대한 이야기를 해 보도록 하자.

소크라테스 할아버지는 자세를 고쳐 앉으며 까칠이를 향해 얼굴을 들이밀었습니다. 못생긴 소크라테스 할아버지의 얼굴이 스마트폰 화면을 가득 채우자 전원을 꺼 버리고 싶은 생각이 들었습니다. 하지만 예의상 그럴 수는 없었습니다. 다만 자기도 모르게 표정이 찌푸려지는 것은 어쩔 수 없었습니다. 소크라테스 할아버지의 얼굴이 마음에 드는 것은 아니지만 그래도 본격적으로 '국가'에 대한 이야기가 시작된다고 하니 참고 들어 보리라 마음먹었습니다.

 국가가 생겨난 이유는 뭘까?

그야 사람이 혼자서는 살수 없기 때문이죠… '인간은 사회적 동물이다'라는 말도 있잖아요.

 어? 그 말은 내 손자뻘 되는 아리스토텔레스가 한 말인데….

그 분이 할아버지의 손자예요?

 내 제자인 플라톤의 제자니까… 손자뻘 된다고 할 수 있지.

피이….

아무튼, 사람은 혼자만의 힘으로는 살아갈 수 없으므로 서로 협력해야 한다는 것이지?

그렇죠.

 우리가 살아가는 사회에는 다양한 사람들이 각자 자신의 맡을 일을 담당하고 있어. 농사를 짓는 농부, 옷을 만드는 사람, 집을 짓는 건축가, 침대와 가구를 만드는 목수, 고기를 잡는 어부, 아이들을 가르치는 교사, 버스 운전기사, 우편물을 전해 주는 집배원, 환자를 치료하는 의사와 간호사….

언제까지 하실 거예요?

 아직 멀었어. 각자 개인들이 생산한 물건을 나누고 교환하기 위해서는 시장과 화폐도 필요할 거야. 물건의 교환은 국경 밖의 외국과도 이루어질 테니까 물건을 싣고 나르는 커다란 배도 있어야 할 거고, 물건을 대규모로 판매하는 도매상과 소비자에게 파는 소매상도 생겨나겠지.

그만하세요. 그 정도는 저도 알거든요.

 다양한 직업이 생겨나고 많은 사람들이 생활하려면 국가의 규모는 점점 더 커질 거야. 나중엔 자기 나라가 좁다고 느끼게 될 정도로 커지겠지. 그렇게 되면 다른 나라의 영토와 재산을 차지하고 싶은 욕심이 생길 테고, 그러면 어떤 일이 벌어질까?

다른 나라를 침략하기 위해 전쟁이 벌어지겠군요.

 옳아. 그렇다면 침략자를 물리치고 나라를 지키는 사람이 필요하겠네.

당연하죠. 그래서 군인들이 있잖아요.

 역시 똑똑하군. 군인들을 다른 말로 나라를 지키는 수호자라고 하자 그런데 아무나 수호자가 될 수는 없겠지?

당근이죠. 힘이 세고 싸움을 잘하는 사람이어야 하겠죠.

 싸움만 잘 한다고 수호자로서 자격이 있을까?

또 뭐가 필요하죠?

 수호자를 개에 비유해서 생각해 보자.

개에 비유하면 수호자가 기분 나쁠 것 같은데요.

 수호자는 나라를 지키고, 개는 집을 지킨다는 점에서 공통점이 있잖니? ㅎㅎ

하긴 그러네요. ㅎㅎ

집을 완벽하게 잘 지키는 개는 어떤 특성을 지녀야 할까?

도둑이 접근하는 것을 빨리 알아 내려면 후각이나 청각이 뛰어나야 하고, 도둑을 쫓으려면 날렵하고 용감해야 하고, 그리고 싸움도 잘해야겠죠.

 용감해야 하니까 성품은 아무래도 격정적이어야 하겠지?

그렇죠. 도둑을 상대하는 개가 소심한 성격이면 안 되겠죠.

 그런데 격정적인 품성 때문에 주인이나 가족들에게 으르렁 거리고 덤벼든다면?

그러면 당장 쫓아 버려야겠죠. 보신탕집에 보내든지….

 맞아. 나라를 지키는 수호자도 마찬가지야. 외적을 막아 내려면 격정적인 성격에 지혜와 용맹과 힘을 골고루 갖추어야 하고, 또 다른 한편으로는 백성들에게 온화하고 부드러워야 할 거야.

맞는 말씀이네요.

 그런데 보통사람이 격정적인 성품에 지혜와 용맹과 힘 그리고 온화한 성품까지 갖추려면 매우 어렵지 않겠니?

그렇죠. 한 가지 재능을 갖기도 쉬운 일이 아니니까요.

그렇다면 수호자는 다른 직업을 가진 사람들과는 달라야 할 거야. 선천적으로 특별한 능력을 타고나야 하는 것은 물론 철저한 교육과 훈련을 받아야 하겠지.

그렇군요.

 까칠아 그런데 지금 몇 시냐?

새벽 한 시가 넘었어요.

 어쩐지 피곤하더라. 오늘은 그만 자야겠다.

할아버지 결론을 말씀해 주셔야죠.

 너도 늙어 봐라, 인마.

소크라테스 할아버지가 화면에서 사라지자마자 코 고는 소리가 들렸습니다. 까칠이는 황당한 표정을 지었습니다. 잠시 후 플라톤 샘의 아이콘이 깜박거리더니 목소리가 들렸습니다.

까칠아. 늦었으니 너도 자거라.

소크라테스 할아버지가 말씀 도중에 쌩까고 사라지셨어요.

 ㅋㅋ 걱정 마라. 내가 오늘 대화 내용을 간략히 정리해 놓을
테니.

···.

플라톤, 국가를 상상하다

기게스의 투명반지

글라우콘은 기게스의 반지를 예로 들어 아무리 올바른 사람이라도 아무도 보는 사람이 없다면 이기적인 행동을 하게 된다고 주장한다. 그는 올바른 행동을 하는 이유는 다른 사람에게 잘 보여 좋은 평판을 얻기 위해서일 뿐 올바름 자체가 좋아서 실천하는 것은 아니라고 생각한다.

아데이만토스는 소크라테스에게 올바름 자체가 왜 좋은지 질문한다. 소크라테스는 작은 글씨보다 눈에 잘 띄는 큰 글씨가 이해하기 쉽다는 원리로 설명을 시작한다. 즉 각각의 개인의 사례보다는 국가라는 커다란 사회를 통해 올바름을 설명하려 하였다.

국가는 수많은 사람들이 각자의 직업에 종사하고 서로 협력하여 발전해 나간다. 국가를 유지하기 위해서는 외부의 침략으로부터 백성을 보호하는 수호자가 필요하다. 그런데 수호자는 다른 직업과는 달리 지혜, 용기, 격정적 성품, 싸움 기술을 골고루 갖추어야 하고, 한편으로는 백성을 부드럽고 온화하게 대할 수 있는 자세와 능력을 갖추어야 한다. 그러므로 수호자가 되기 위해서는 천부적으로 훌륭한 성품과 재능을 타고나야 하며 철저한 훈련과 교육을 견뎌 내야 한다는 것이다.

Chapter 3

수호자에게 필요한
생활과 교육

제3장에서 글라우콘과 소크라테스는 국가를 이끌고 통치하는 사람들은 어떤 교육을 받고 어떻게 생활해야 하는가에 대해 대화를 나눕니다. 우선 국가를 구성하는 계급을 크게 생산계급과 수호계급으로 나눕니다. 수호계급 중에서 특별한 능력과 교육을 받은 소수의 사람을 통치자로 선발하게 됩니다. 통치자는 개인의 이익이 아닌 국가 전체의 이익을 위해 봉사해야 하는 사람이므로 매우 특별한 조건과 의무가 주어집니다.

다음날 까칠이는 지각을 하고 말았습니다. 전날 밤 소크라테스 할아버지와 대화를 나누는 바람에 늦잠을 자고 말았기 때문입니다.

뒤늦게 교실 입구에 도착한 까칠이는 창문을 통해 교실 안을 들여다보았습니다. 학생들에게 무언가 설명하고 계시는 담임 선생님의 표정이 매우 진지해 보였습니다.

까칠이는 두근거리는 가슴을 간신히 진정시키고 교실 문을 열고 들어섰습니다.

"죄… 죄송합니다."

까칠이는 고개를 숙이고 호랑이 담임 선생님의 불호령을 기다렸습니다.

"피곤해 보이는구나. 어디 아픈 데라도 있니?"

예상과는 반대로 담임 선생님의 목소리는 부드러웠습니다. 무섭기만 한 줄 알았던 선생님에게 이런 면이 있다니. 까칠이뿐 아니라 같은 반 아이들 역시 놀라는 듯했습니다.

수업을 무사히 마치고 집으로 돌아가려는데 선생님께서 까칠이를 불렀습니다.

'드디어 올 것이 오고 말았구나.'

꾸중을 들을 각오를 하고 교무실로 갔을 때도 선생님의 음성은 여전히 부드러웠습니다. 선생님은 까칠이에게 요즘 힘든 점은 없는지, 공부하는 데 어려움은 없는지 등을 물으시며 어깨를 다독거려 주셨습니다. 자신을 배려해 주시는 선생님 말씀을 듣고 까칠이는 그 동안 선생님에 대해 안 좋게 생각했던 자신을 반성했습니다.

그날 저녁 까칠이는 집에 돌아와 곰곰이 생각해 보았습니다.

'역시 선생님은 학생들과는 뭔가 다른 것 같아.'

 까칠아! 어제 다 못한 이야기를 마저 해야지?

내일은 지각을 하지 않기 위해 일찍 잠자리에 들려고 했는데….

할아버지 때문에 오늘 지각했어요.

 짜식. 그게 왜 나 때문이냐?

청소년은 일찍 자고 일찍 일어나야 하는데, 할아버지 때문에 새벽까지 잠을 못 잤어요.

 남 탓하는 청소년은 큰 그릇이 못되는 법이다. 암튼 지각한 덕분에 혼나기는커녕 선생님과 좋은 대화를 했다면서.

그래서 다행이었죠… 선생님은 제가 생각했던 것보다 훨씬 훌륭한 분이신 거 같아요. 그동안 제가 오해했나 봐요.

 담임 선생님은 너희 반의 '수호자'라고 할 수 있는데, 당연히 학생들과는 비교할 수 없는 능력과 지혜를 갖춘 분이겠지.

무섭기만 한 줄 알았는데 부드럽고 따뜻한 면도 있는 분이었어요.

 어제 내가 말했잖니.

수호자는 격정적인 성품에 지혜와 용맹과 힘 그리고 온화한 성품까지 골고루 갖춘 사람이어야 한다고 하셨죠?

 녀석! 졸았는 줄 알았더니 기억하고 있구나?

제가 범생이는 아니지만 할 때는 하는 성격이거든요.

 네 말대로라면 선생님은 엄하고 무서운 성격과 온화하고 부드러운 성격을 고루 갖추신 분이라고 할 수 있겠구나.

네.

 선생님의 두 가지 성격은 정반대인데, 각각 어떤 상황에서 드러나게 될까?

질서 유지가 필요할 경우는 엄하시고, 개인적인 고민 등 대화를 나눌 때는 온화하신 쪽이죠.

 만일 반대로 질서 유지가 필요할 때 온화하고 대화할 때 무섭다면 어떨까?

그럼 최악이죠.

 그렇다면 선생님은 주어진 상황에 따라 적절하게 자신의 성격을 나타낼 수 있어야 하겠네.

당연하죠.

 그런데 너 같은 학생들이라면 그렇게 할 수 있을까?

어려울 것 같아요.

 왜 그럴까?

그야, 아직 어리고, 배움도 부족하고, 경험도….

 그럼 훌륭한 선생님이 되기 위해서는 충분한 경험을 쌓을 수 있을 만큼 나이도 들어야 하고 지식도 많아야 하고 다양한 경험을 통해 지혜를 갖추어야 하겠지?

그렇죠.

 만일 국가의 수호자라면 어떨까?

그야, 더 많은 경험과 지식과 지혜를 갖춘 사람이어야 하겠죠.

 만일 자격 없는 사람이 나라의 수호자가 되면 어떤 일이 벌어지겠니?

외적의 침략으로 나라가 망하거나, 백성들이 고통을 받겠죠.

 그럼 지식과 지혜와 경험이 많은 사람이 수호자가 된다면 아무 걱정이 없을까?

그것만 가지고는 뭔가 부족하지 않을까요?

경험, 지식, 지혜 이외에 뭐가 더 필요할까?

남다른 능력을 가지는 것도 중요하지만 만일 그 능력을 자신의 이익만을 위해 사용한다면 문제가 생기겠죠.

그럼 일을 잘하는 능력 이외에 다른 게 필요하겠구나.

유혹이나 강압에 굴복하지 않는 신념과 이기심을 버리고 봉사할 수 있는 마음이 필요할 것 같아요.

와우! 한까칠 제법인걸.

뭘요. 한국의 중학생 수준이 그 정도는 되거든요.

겸손하기까지?

헤헤.

그러고 보니 까칠이 너도 한 나라의 수호자가 될 만한 자질을 갖추고 있는 것 같구나.

아직은 부족한 게 많다고 생각해요.

하긴 반드시 수호자가 되어야만 좋은 것은 아니란다. 어떠한 직업에 종사하든 자신에게 주어진 역할을 완벽하게 수행한다면 훌륭한 사람이 될 수 있단다.

그런데 수호자는 다른 직업과는 조금 달라야 할 것 같아요.

그야 당연하지. 농부, 상인, 제조업자 등 생산계급에 속한 사람들은 자신의 일을 잘 수행하는 것만으로도 충분하지. 그런데 수호계급에 속한 사람은 자신의 일을 잘해야 하는 것은 물론 자신의 행동이 다른 사람과 국가 전체에 어떠한 영향을 미치는지 생각하고 행동해야 하지.

마치 담임 선생님의 말과 행동이 학생들에게 많은 영향을 끼치는 것과 같은 원리군요.

까칠이가 점점 똑똑해지는걸. 그럼 이번에는 국가 전체를 이끌어 가는 통치자에 대해 생각해 보자.

통치자는 수호자보다 훨씬 더 엄격한 자격이 필요하죠.

왜지?

그야, 통치자의 결정 하나로 나라 전체의 운명이 결정될 수 있으니까요.

플라톤, 국가를 상상하다

맞아. 그러니 통치자는 수호자들 가운데에서 더 뛰어나고 더 봉
사정신이 강한 사람을 선발해야겠지?

그런데 누가 정말 훌륭한 사람인지 알아 내는 것이 쉬운 일
은 아닐 것 같아요. 가령 대통령이나 국회의원에 출마한 사
람들을 보면 모두 자기가 최고라고 자랑질을 하잖아요? 그
런데 막상 뽑아 놓으면 자기 잇속만 챙기는 정치인들이 많
다고 하던데요.

옳아! 그게 바로 민주정치의 문제란다. 생산계급에 속한 사람들
은 누가 정말 통치자로서 훌륭한 인물인지 알아보는 능력이 부
족하거든. 그래서 온갖 거짓말로 대중들을 속이고 권력을 잡아
독재를 하는 경우가 많지.

그럼, 민주주의는 좋은 게 아닌가요? 학교에서는 민주주의
를 가장 좋은 제도라고 배웠는데요.

솔직히 말해 나는 민주주의를 반대한다. 그냥 반대하는 정도가
아니고 끔찍하게 혐오한다.

???

평소와 달리 소크라테스 할아버지의 목소리가 조금 흥분된 듯했습
니다. 인류의 위대한 스승이라는 소크라테스 할아버지가 민주주의를

혐오한다니… 까칠이는 그 상황을 도저히 이해할 수 없었습니다. 더이상 대화도 이어 나갈 수 없었습니다. 흥분한 소크라테스 할아버지가 화면 밖으로 나가 버렸기 때문입니다.

잠시 '지—직'거리는 영상이 비치더니 플라톤 쌤이 나타났습니다.

까칠아! 무슨 일 있었니? 스승님이 화가 단단히 나신 모양인데.

글쎄요 저도 모르겠어요. 민주주의 얘기하시다가 갑자기….

민주주의라니?

저는 학교에서 배운 대로 민주주의가 가장 좋은 제도라고 말씀드린 것뿐에요. 그런데 할아버지가 화를 내셨어요.

아하! 알겠다.

왜요?

너 혹시 스승님이 왜 돌아가시게 되었는지 아니?

사형 선고를 받아 독이 든 약을 드시고 돌아가셨다는….

플라톤, 국가를 상상하다

그런데 사형 선고를 내린 사람들은 누구였을까?

그야 재판관이었겠죠.

 스승님에게 사형 선고를 내린 사람들은 시민들로 구성된 배심원들이었단다.

시민들이 왜 그런 말도 안 되는 바보 같은 결정을 했죠?

 사연을 얘기 하자면 매우 길다. 자세한 내용을 알고 싶다면 내가 쓴 책 『소크라테스의 변명』을 읽어 보렴. 거기에 자세히 나와 있다.

이 틈을 이용해서 책 선전을 하시다니…. 암튼 그래서요?

 한마디로 이기심과 질투심으로 가득 찬 시민들이 위대한 소크라테스 스승님을 몰라보고 사형 선고를 내린 것이지.

그랬군요.

 당시 아테네는 민주주의 방식으로 나라를 운영했단다. 그런데 통치자들은 올바른 마음으로 나라를 이끌어 가려 하기보다 시민들의 지지를 얻기 위해 온갖 거짓과 화려한 말로 시민들을 현혹하는 데 힘을 썼어.

지금 우리나라의 정치인들과 비슷했군요?

소크라테스 스승님은 그러한 사람들을 맹렬히 비판하면서 참된 진리를 추구해야 한다고 주장했어. 그러다 보니 진리 추구보다는 자신의 이익 추구에 관심이 많았던 다수의 사람들이 스승님을 미워하게 된 거야.

그렇다면 민주주의 때문에 소크라테스 할아버지가 사형 선고를 받으신 것이군요.

맞아. 그러니 스승님이 민주주의를 좋아하시겠니?

쌤 말씀을 듣고 보니 이해가 되네요.

물론 민주주의 자체를 나쁜 제도라고는 할 수 없겠지. 다만 사회를 구성하는 시민들이 스스로 올바른 판단을 하지 못하고 선동가들의 거짓말에 놀아난다면 민주주의 사회는 거대한 폭력집단이 될 수도 있어.

하긴 요즘도 그런 일이 종종 일어나고 있는 것 같아요.

옛날이나 지금이나 시민들 각자가 올바름을 판단할 수 있을 때만 민주주의가 바른 길로 갈 수 있단다.

쌤 말씀을 듣고 보니까 소크라테스 할아버지를 오해한 것 같아 죄송한 마음이 드네요.

걱정 마라. 스승님이 화가 가라앉은 것 같으니 다시 대화를 나
눠 보렴.

플라톤 쌤이 사라지자 다시 소크라테스 할아버지가 등장했습니다.
할아버지는 아까와는 다르게 다시 온화한 미소를 짓고 계셨습니다.

 까칠아, 아까는 내가 잠시 흥분해서 미안하다.

괜찮아요. 저도 할아버지의 입장을 이해할 수 있어요.

 그렇다면 고맙구나. 그럼 통치자는 어떠해야 하는지 계속 이야
기 해 볼까?

좋아요.

 진정으로 올바른 통치자를 골라 내는 일은 매우 어렵기 때문에
여러 가지 방법으로 테스트를 해 봐야 하지 않겠니?

맞아요. 그런데 어떤 방법으로 테스트를 하죠? 시험을 보나
요?

물론 시험도 치러야겠지. 단, 시험의 방법도 체계적이고 다양해야 해.

구체적으로 설명해 주세요.

우선 어릴 때부터 통치자로서 가능성이 보이는 사람들을 뽑아서 오랜 기간에 걸쳐 추려 내야 해. 슬기롭고 유능한 사람인지 아닌지, 평생 동안 자신보다 국가를 위해 봉사할 수 있는 사람인지, 죽음도 두려워하지 않을 용기가 있는 사람인지, 끊임없이 관찰하고 평가하여 모든 테스트를 통과한 사람을 선발하는 거지.

그 정도 스펙을 쌓으려면 전과목에서 만점을 받기보다 더 어렵겠는데요.

아직 멀었단다. 테스트를 통과하면 일단 수호자가 될 수 있는 자격이 생긴다.

통치자가 아니라 수호자가 된다고요?

그 수호자 중에서 다시 진리를 추구하는 지혜를 갖춘 사람을 뽑고 더 충분한 경험을 갖추게 한 다음에야 통치자가 될 수 있단다.

그럼 탈락한 사람은 헛고생만 한 셈이네요.

아깝게 탈락한 사람들은 수호자로서 통치자를 돕는 역할을 맡겨야 하겠지.

통치자가 되면 좋은 게 있나요?

 당연하지. 통치자가 되면 살아서 최고의 명예를 얻게 되는 것은 물론 죽어서도 사람들이 그를 존경하고 기념하게 된단다.

경쟁에서 탈락한 사람들이 통치자를 질투하거나 헐뜯지 않을까요?

 좋은 질문이다. 통치자는 완벽한 인품을 갖춘 인물이지만 나머지는 여전히 이기심을 버리지 못한 사람들이다. 그러니 자신의 부족함을 반성하기보다 공정하게 선발된 통치자를 깎아 내리려고 할 수도 있겠지.

하긴, 왜적을 물리친 이순신 장군도 모함을 받았으니까요.

 그래서 거짓말이 좀 필요하다.

거짓말이라뇨?

 예로부터 위대한 왕에게는 반드시 신화가 있게 마련이다. 그중에는 좀 황당한 이야기도 있는데, 혹시 알고 있니?

단군신화 같은 것 말인가요? 단군 할아버지가 곰에게서 태어났다는….

 빙고~~.

박혁거세는 알에서 태어났대요.

 다른 나라에도 그와 유사한 수많은 신화가 있단다. 과학적으로는 설명할 수 없지만 사람들은 대부분 그 신화를 믿지.

그렇다면 통치자에게 그런 신화를 만들어 준다는 것인가요?

 그렇단다. 통치자는 태어날 때부터 보통사람과는 전혀 다르게 세상에 나왔다고 말하는 것이다.

사람들이 믿을까요?

 내 말을 들어 보렴. 신이 사람을 창조할 때 모두 사이좋은 형제들로 만들었단다. 그러나 사람마다 조금씩 다른 재료를 이용해서 만들었지. 통치자가 될 사람은 금을 섞어서 만들고, 수호자가 될 사람은 은, 그리고 생산계급 사람들은 쇠와 구리를 재료로 만들었다. 어릴 때는 구별하기 어렵지만 자라면서 서서히 각자의 재능과 성품이 드러나겠지. 금으로 만들어진 사람은 매우 드물기 때문에 결국 누구나 인정할 만큼 빛이 날 것이므로 그 사람이 통치자가 된다면 아무도 거부하지 않게 될 거야. 일종의 신화가 만들어지는 것이지.

태어날 때부터 세 종류의 사람이 있다는 건가요?

그렇단다. 모든 사람들을 크게 생산계급과 수호계급으로 나눌 수 있다. 그리고 수호계급 중에서 극소수만이 통치자가 되는 거야.

그런데 뭔가 문제가 있는 것 같아요. 인간은 누구나 평등하다고 배웠는데….

물론 모든 인간을 평등하게 대해야 한다는 것에는 반대하지 않아. 하지만 각 개인의 가진 능력과 자질을 무시하고 모두에게 똑같은 권한을 주는 것이 평등은 아니잖니. 만일 능력도 없이 욕심만 가득한 사람에게 국가의 통치를 맡긴다면 어떤 일이 벌어질까?

그 나라의 백성들 모두가 불행하게 되겠죠.

바로 그거야. 진정한 평등은 각자가 자신의 능력과 자질에 따라 적합한 일을 할 수 있도록 하는 것이야. 그래야 국가와 백성이 모두 행복할 수 있어.

그런데 개인의 능력과 자질을 정확하게 파악하는 것이 가능할까요?

그래서 공정한 평가와 엄격한 교육 과정이 필요한 것이지. 또한 통치자를 포함한 수호계급이 자신의 권력을 남용하지 않도록 법과 제도를 만들고 늘 감시할 수 있도록 해야 한다.

권력을 가진 사람을 감시하는 게 가능한가요?

수호자로 선발된 사람들은 생산계급 사람들과는 달리 반드시 지켜야 할 의무가 주어진단다.

우선 수호자는 사유재산을 가질 수 없도록 해야 해. 사유재산을 갖게 되면 재물에 대한 욕심이 생길 우려가 있기 때문이지.

둘째 수호자들이 사는 집은 문을 잠그거나 담을 높게 쌓을 수 없게 하여 누구나 마음대로 드나들 수 있도록 해야 해. 말하자면 속이 다 들여다보이는 투명한 집에서 살도록 하는 것이지. 그래야 남몰래 나쁜 짓을 할 수 없을 테니까.

셋째 수호자들에게 필요한 생필품은 생활하는 데 필요한 만큼만 배급을 주는 거야.

그 정도면 욕심을 부릴 수 없겠네요.

그뿐이 아니야. 수호자들은 항상 공동생활을 해야 해. 밥도 같이 먹고, 잠도 같이 자야 하지. 그러면 서로를 감시할 수 있고 중요한 일이 생겼을 때 협력하여 문제를 해결할 수 있을 거야.

헐! 완전히 감옥생활 같군요.

플라톤, 국가를 상상하다

또한 정신교육도 필요하지. 수호자들에겐 금과 은과 같은 재물은 필요가 없다고 끊임없이 정신교육을 시켜야 해. 신화에 의하면 수호자들은 태어날 때부터 금과 은을 재료로 만들어진 사람들이니까 굳이 욕심을 낼 필요가 없다고 교육하는 거야. 그러면 수호자들은 물질적인 욕심 없이 자부심과 명예만을 가지고 국가에 봉사하는 삶을 살아가게 될 거야. 이러한 것을 법으로 만들어서 철저히 지키도록 해야겠지.

그런 나라가 진짜 있나요?

짜식! 또 까칠하게 구는구나. 나는 완벽한 '이상국가'에 대해 말하고 있는 거야.

이상국가요?

가장 완벽한 국가를 의미하는 말이다.
네가 다니는 학교에 비유해 보자. 교장 선생님은 통치자, 선생님들은 수호자 그리고 학생들은 생산계급이라고 생각해 보거라. 수호자인 선생님들은 학생시절부터 철저한 교육을 통해 능력과 자질을 키우신 분들이고, 그런 선생님들 중에서 경륜과 인품을 갖춘 분이 통치자인 교장 선생님이 된다고 생각하면 이해가 쉬울 거다.

선생님들이라고 꼭 완벽한 것은 아닌 것 같던데요.

이건 가정이야. 완벽한 학교, 즉 이상국가가 있다고 가정하고 그 모습을 생각해 본 거란다.

그럼 현실에는 없다는 말씀인가요?

 이상국가가 만들어지면 앞서서 우리가 토론했던 올바름이 완전하게 실현될 수 있단다.

말을 돌리지시 마시고 대답해 주세요. 이상국가가 현실에서 가능한 거예요?

 언젠가는 실현 가능하겠지.

왠지 이상국가를 실현하는 것이 너무 어려울 것 같은 느낌이 드는데요.

 야, 인마! 이상국가가 쉽게 실현된다면 내가 사형 선고를 받았겠니?

….

플라톤, 국가를 상상하다

통치자

수호계급 중
가장 탁월한 능력과
도덕성을 갖춘 사람

수호계급

용감하면서도 지혜롭고
힘을 갖춘 동시에
백성들에게 온화하고 부드러운
성품을 지닌 사람들

생산계급

농부, 상인, 제조업자
자신에게 주어진 일에
최선을 다하는 사람들

수호자에게 필요한 생활과 교육

올바름이 실현되는 완벽한 국가가 되기 위해서는 백성들을 크게 생산계급과 수호자로 분류해야 한다. 수호계급 중에서 가장 탁월한 능력과 도덕성을 갖춘 사람을 선발하여 통치자로 임명한다. 수호자는 엄격한 교육과 시험을 통해 선발되며 엄격한 생활방식을 따르도록 한다. 이들은 재산을 가져서는 안 되고, 항상 감시 받을 수 있는 집에서 공동생활을 해야 한다.

이러한 위계질서를 유지하기 위해서 거짓의 신화를 만들어 사람들이 믿게 만드는 것도 필요하다.

Chapter 4

이상국가를 위한 세 가지 덕목

제4장에서도 아데이만토스, 글라우콘과 소크라테스의 대화가 계속 이어집니다. 여기에서 소크라테스는 올바른 국가가 갖추어야 할 턱목을 이야기합니다. 올바름이 실현되는 이상국가가 되기 위해서는 통치자의 지혜, 수호자의 용기, 일반 시민들의 절제가 서로 조화를 이루어야 한다는 것입니다. 이것은 개인에게도 같은 원리가 적용됩니다. 국가가 세 가지 계급으로 구성되는 것처럼 개인의 혼도 이성, 격정, 욕구의 세 부분으로 이루어져 있다고 봅니다. 세 가지 특성이 적절히 조화를 이룰 때 개인도 올바름을 실천할 수 있다고 주장합니다.

까칠이가 학교를 마치고 집으로 돌아왔을 때 집안 분위기가 조금 이상했습니다. 평소 같으면 초등학교 4학년인 여동생 까인이가 재잘거리며 TV 만화영화를 보고 있을 시간이었습니다. 그런데 까인이는 방문을 닫고 자기 방에 틀어박혀 있었습니다. 마침 엄마도 외출 중이라 집안은 더욱 썰렁하게 느껴졌습니다.

　"까인아! 한까인!"

　"…"

　대답이 없었습니다. 뭔가 이상하다고 느낀 까칠이가 방문을 열었습니다. 그런데 까인이가 이불을 뒤집어쓰고 울고 있는 것이었습니다.

　"까인아! 무슨 일이야 누가 때렸니?"

　오빠가 묻자 까인이는 더 큰 소리로 울어 대기 시작했습니다. 평소

까칠이는 동생 까인이와 그리 사이가 좋은 편은 아닙니다. 까인이가 툭하면 오빠에게 대들고 사소한 잘못도 부모님께 고자질하곤 했기 때문입니다. 그러나 울고 있는 동생을 보자 까칠이도 동생이 가엾다는 생각이 들었습니다.

"까인아. 울지 말고 오빠한테 얘기해 봐."

간신히 울음을 그친 까인이 이야기를 들어 보니, 같은 반 남자친구가 자기를 왕따시켰다는 것입니다.

까칠이는 화가 났습니다. 감히 내 동생을 왕따시키다니…. 까칠이는 동생을 일으켜 세웠습니다.

"앞장서! 오빠가 당장 그 자식 혼내 줄게."

까칠이는 동생을 앞세워 그 녀석이 다니는 학원 앞으로 갔습니다. 한참을 기다리자 녀석이 가방을 메고 어슬렁거리며 밖으로 나오는 게 보였습니다.

"저 자식이니?"

까인이가 고개를 끄덕였습니다.

"야! 너 이리와 봐."

까칠이가 목소리를 깔고 녀석을 불렀습니다. 움찔하고 놀란 녀석이 까칠이와 까인이를 번갈아 쳐다보더니 뒷걸음질치기 시작했습니다. 까칠이가 재빨리 쫓아가 녀석의 머리를 한 대 쥐어박았습니다.

"내 동생 괴롭히면 죽어!"

녀석이 울먹거리며 뛰어 달아났습니다.

까칠이가 어깨를 으쓱하며 까인이를 내려다보자 까인이는 엄지손가락을 들면서 외쳤습니다.

"오빠 짱이다!"

오빠로서 동생을 지켜 주었다는 마음에 까칠이는 동생의 손을 잡고 의기양양해 하며 집으로 돌아왔습니다. 까칠이는 스스로 용감한 오빠가 되었다는 자부심을 가졌고 동생 까인이도 오빠를 믿음직스럽게 생각하게 되었습니다.

저녁때가 되자 외출했던 엄마가 돌아오셨습니다. 까칠이는 오늘 있었던 일을 엄마에게 자랑하고 싶었습니다.

저녁 식사를 마치고 막 이야기를 꺼내려는데 초인종이 울렸습니다. 까칠이가 달려가 현관문을 열자 아까 그 녀석이 자기 엄마의 손을 잡고 서 있는 게 아닙니까?

"이 형이 나 때렸어!"

녀석은 이마에 반창고까지 붙이고 있었습니다. 놀란 까칠이가 입을 다물지 못하고 있을 때 엄마가 달려 나왔습니다. 엄마의 표정이 심상치 않았습니다. 까칠이와 까인이는 뒤도 돌아보지 않고 방으로 들어갔습니다.

잠시 후 까칠이와 까인이를 부르는 엄마 목소리가 들렸습니다. 까칠이는 잔뜩 겁먹은 표정으로 거실로 나갔습니다. 그런데 거실의 분위기는 예상과 달리 부드러웠습니다. 엄마와 아주머니는 웃음꽃을 피

우며 이야기를 나누고 계셨습니다. 까칠이에게 얻어맞은 녀석도 엄마가 내준 과일을 먹으며 웃고 있었습니다.

자초지종을 들은 엄마가 먼저 미안하다며 사과를 하자 녀석의 엄마도 흔쾌히 화해를 받아들이신 것이었습니다. 알고 보니 동생 까인이가 평소 그 녀석을 먼저 놀리고 괴롭혔다고 합니다. 아주머니도 싸우기보다는 녀석과 까인이를 화해시키려고 오신 것이었습니다. 엄마 손에 이끌려 까칠이도 사과를 했습니다. 까인이는 녀석과 화해의 악수를 나누었습니다.

그날 밤 까칠이는 곰곰이 자신의 행동을 생각해 보았습니다. 동생을 도와준 것은 용기 있는 행동이었지만 자신이 좀 더 지혜로웠다면 엄마처럼 행동했어야 옳았다는 생각이 들었습니다.

그때 마침 〈아카데미아〉 앱이 열리며 소크라테스 할아버지가 나타났습니다.

 까칠아. 너 오늘 동생을 위해 용기 있는 행동을 했다며?

약 올리시는 거예요?

약 올리는 게 아니야. 동생을 위해 나설 수 있다는 것은 정말 용기 있는 일이다.

그런데 생각해 보니 내가 너무 섣부른 짓을 한 것 같아요. 좀 더 신중히 생각하고 지혜롭게 행동했으면 좋았을 텐데.

 하긴. 엄마처럼 까인이를 화해하도록 했다면 더 좋았겠지.

제가 좀 욱하는 성질이 있잖아요.

 그래서 사람은 절제하는 훈련과 노력이 필요하단다.

절제요? 그게 뭔데요

 쉽게 말해서 참는 능력을 말하는 거란다. 화가 날 때, 무언가 차지하고 싶은 욕구가 생길 때 내키는 대로 행동하지 않고 참는 것을 절제라고 한단다.

엄마는 절제를 잘하신 거네요.

 그렇지. 엄마는 인생을 살아오면서 많은 경험을 통해 절제의 중요성을 깨우친 거지. 만일 엄마가 절제할 줄 몰랐다면 어떤 일이 벌어지겠니?

한바탕 싸움을 벌였겠죠.

맞아. 국가도 마찬가지다. 국가가 절제하지 않고 자국의 욕심대로 행동한다면 전쟁이 날 수도 있단다.

그렇다면 절제는 국가를 다스리는 통치자에게 필요한 것이겠네요.

 물론 통치자는 다른 사람들에 비해 더욱 철저히 절제를 실천해야 한다. 그렇다고 수호자나 생산계급 사람들에게 절제가 필요없는 것은 아니란다. 절제는 모든 계급의 사람들에게 필요한 것이야.

그럼 통치자가 수호자나 일반 시민인 생산계급과 다른 게 없잖아요?

 절제는 모든 계급에게 필요한 것이지만 통치자와 수호자에게는 추가로 다른 능력이 필요하단다.

그게 뭔데요?

 통치자에게는 지혜, 수호자에게는 용기가 그리고 보통 사람에게는 아까 말한 대로 절제가 필요하지.

지혜, 용기, 절제… 난 외우는 건 질색인데.

 이해하기 쉽게 까칠이가 오늘 경험한 일을 예로 들어 주마.

오늘 일은 떠올리고 싶지 않은데….

 일단 너희 집을 국가라고 가정해 봐. 국가를 구성하는 세 계급이 있다고 했지?

통치자, 수호자, 생산계급이요.

 엄마를 통치자, 한까칠은 수호자, 동생 한까인을 일반시민, 즉 생산계급에 비유해 보자.

네.

 이상국가, 즉 올바른 국가가 되려면 세 계급이 잘 조화를 이루어야 하듯이 올바른 가정이 되려면 세 사람이 자신의 역할을 잘하여 조화를 이루어야 하겠지?

그렇죠.

 까인이 마음속에 친구를 놀려 주고 싶은 욕심이 생겼어. 만일 까인이가 절제할 줄 알았다면 오늘 일은 없었겠지. 그런데 그걸 참지 못하고 친구를 놀리고 괴롭힌 거야. 즉 , 절제를 하지 못한 것이지.

맞아요. 까인이가 늘 절제를 못하는 편이죠.

국가를 구성하는 생산계급도 절제를 하지 못하면 국가 전체가 위험해질 수 있는 것과 같은 이치라고 할 수 있어.

저는 수호자로서 용기 있는 행동을 한 거네요.

 그래 수호자는 시민들과 국가를 위해 용감하게 나설 수 있어야 해.

그럼 저는 잘못한 게 없네요.

 수호자로서 용기를 내어 달려간 것까지는 잘한 일이라고 할 수 있지. 그러나….

그러나라뇨. 수호자는 용기만 있으면 되는 거 아녜요?

 절제는 모든 사람들에게 필요한 거라고 했잖니. 만일 네가 절제를 했더라면 무작정 그 녀석을 쥐어박지는 않았을 거야.

하긴 그러네요.

 다행히 엄마가 통치자로서 지혜를 발휘한 덕분에 모든 일이 잘 해결되었다.

역시 엄마는 달라요.

너에겐 용기만 있고 절제와 지혜는 없었어. 반대로 엄마는 절제와 지혜를 함께 가지고 있었던 거야.

저는 통치자가 될 가망이 없는 건가요?

아직은 부족해. 하지만 열심히 공부하면서 경험과 지혜를 쌓고 배운 것을 실천한다면 통치자로서 자격을 갖출 수 있게 될 거야.

그럼 저는 지혜를 쌓기 위해 노력해야겠군요.

그렇지. 지혜로운 통치자는 국가를 평화롭고 안전하게 이끌지만 만일 지혜롭지 못한 사람이 통치자가 되면 전쟁과 범죄가 들끓는 사회가 될 거다.

하긴 엄마가 지혜롭지 못했다면 싸움이 났을지도 모르죠.

까칠이 너희 가정이 편안하고 행복한 것은 바로 통치자이신 엄마의 지혜와 절제 때문인 셈이지.

그런데 엄마는 별로 행복해 보이지 않아요.

왜?

항상 자기 자신보다는 가족들을 위해 살기 때문에 그렇죠. 지난번에 족발을 시켜 먹었는데 맛있는 살코기는 우리들만 주고 엄마는 뼈다귀만 뜯더라고요. 게다가 나와 까인이는 자기 방이 있는데 엄마는 아빠와 함께 방을 쓰기 때문에 엄마 방은 따로 없어요.

 수호계급이 사유재산을 갖지 못하는 것과 같구나.

통치자와 수호자들은 엄마처럼 결코 행복하지 못할 거 같은데요.

 엄마의 행복을 걱정하는 걸 보니 까칠이도 이제 어른이 되어 가는구나.

행복하지도 않은데 힘들게 노력해서 수호자나 통치자가 되려는 사람이 있을까요?

 국가의 목적은 특정한 계급이나 집단만의 행복을 위하는 게 아니란다. 국가 전체의 행복을 위하는 것이 그 목적이지. 그러니 수호자와 통치자는 개인의 행복이 아니라 전체를 위하여 자신을 희생을 하는 것에서 행복을 느낄 수 있는 사람이어야 해.

저라면 그런 삶을 살고 싶지는 않을 것 같아요.

세상에 모든 사람이 자신의 행복만을 생각하는 것은 아니란다. 다른 사람이 행복해 하는 모습을 모면서 행복을 느끼는 사람도 있단다.

성인군자 말고 그런 사람이 어디 있겠어요?

엄마를 생각해 봐라. 엄마는 족발 뼈다귀만 드셨지만 살코기를 맛있게 먹는 자식들을 보면서 행복해 하셨잖니? 엄마는 자신의 행복보다 가정 전체의 행복을 위해 희생을 하면서도 불만을 갖거나 하지 않아.

하긴. 그러네요.

국가도 마찬가지야. 가령 이순신 장군은 모함을 받아 감옥살이를 하는 등 온갖 고초를 겪었지만 왜적으로부터 백성들의 안전을 지켰다는 것만으로도 행복하셨을 거야.

생각해 보니 저는 수호자나 통치자가 되기에는 부족한 게 많은 것 같아요.

그래서 교육과 양육이 중요한 거란다. 수호자와 통치자가 되기 위해서 어떤 교육과 양육을 받아야 하는지 알려 주마.

아니요. 됐어요. 오늘은 너무 피곤해요.

플라톤, 국가를 상상하다

알았다. 오늘은 그만 쉬렴. 그런데 궁금한 게 있는데 한 가지만 물어봐도 되겠니?

민데요?

 만약에 까인이를 울린 녀석이 초등학생이 아니라 까칠이 너보다 덩치가 훨씬 큰 고등학생이었다 해도 용감하게 앞장섰을까?

할아버지는 뭘 그런 걸 물어보세요?

까칠이는 인사도 없이 앱을 닫았습니다. 소크라테스 할아버지의 질문에 거짓말을 할 수도 없고 솔직하게 말하기에는 자존심이 상했기 때문이었죠. 잠자리에 들긴 했지만 소크라테스 할아버지의 말씀이 자꾸 마음에 걸렸습니다.

'정말 나는 우리 집의 수호자가 될 자격이 있을까?'

스스로에게 질문을 던져 보았습니다. 아무래도 아직은 수호자가 되기엔 부족한 게 많았습니다. 용기도 부족하고 절제하는 능력도 부족하다는 것을 인정할 수밖에 없었습니다.

까칠아. 왜 잠을 못자고 뒤척거리고 있니?

플샘. 소크라테스 할아버지와 대화를 하고 나면 늘 새로운 고민거리가 생겨요.

 드디어 스승님의 대화법이 약효를 나타내기 시작했구나.

약효는 좋은지 모르지만 대화법이란 게 참 피곤해요.

 철학이란 것이 원래 그렇단다. 그래도 올바름이란 무엇인가 에 대해 조금은 알게 되지 않았니?

모르겠어요. 오히려 더 복잡해진 거 같아요.

 내일 다시 스승님과 대화를 해 보렴.

....

다음 날은 까칠이가 싫어하는 수학, 체육, 미술, 음악이 연속으로 들어 있는 날입니다. 특히 5교시 체육 시간이 되면 까칠이는 배가 살살 아파오면서 꾀병아닌 꾀병이 날 정도입니다. 예체능 방면에는 소질도 흥미도 없는 까칠이는 도대체 체육, 미술, 음악을 왜 배워야 하는지 이해할 수 없습니다.

수학도 마찬가지입니다. 사칙연산만 할 줄 알면 세상을 살아가는 데 아무 지장이 없는데, 왜 방정식이나 삼각함수 같은 골치 아픈 내용을 배워야 하는지 화가 날 정도입니다.

며칠 뒤에 발표될 중간고사 성적을 생각하자 저절로 한숨이 새어나 왔습니다. 까칠이는 답답한 마음에 〈아카데미아〉 앱을 열었습니다.

할아버지!

 웬일로 네가 먼저 나를 찾니?

답답해서 그래요. 각자 자기가 좋아하는 것만 하고 살 수는 없을까요? 소질도 없는 과목까지 공부하는 게 너무 힘들어요.

 하긴 나도 요즘 한국의 청소년들을 보면 답답한 생각이 든다.

그런데 왜 싫어하는 과목까지 배워야 하죠?

 학교는 다양한 교육을 통해 수호자와 통치자를 길러 내는 과정 이라고 할 수 있어.

그럼 수호자나 통치자가 될 사람만 다니면 되잖아요?

네 말에도 일리가 있어. 하지만 누가 통치자로서의 재능을 가지고 있는지 알 수 없잖니. 오랜 기간 동안 교육과 양육을 거치는 과정에서 그 재능을 알아볼 수 있단다.

나처럼 머리가 좋지 못한 사람은 애당초 포기하는 게 현명한 거 아닐까요?

 초·중·고 과정은 수호자나 통치자에게만 필요한 것이 아니라 모든 계급에게도 필요해. 생산계급에게도 절제하는 능력이 필요하다고 했잖니. 까칠이 너는 지금 절제하는 능력을 익히는 중이라고 생각하면 된다.

아, 모르겠어요.

 너무 스트레스 받지 마라. 우리가 살아가는 곳은 아직 완벽한 이상국가가 아니란다.

그럼 완벽한 이상국가가 되려면 어떠해야 하는지 설명해 주세요.

 에헴! 좋아. 일단 국가가 수립되었다고 가정하자. 이 국가가 이상국가가 되려면 지혜롭고 분별 있는 국가여야 하겠지?

당연하죠.

지혜롭고 분별력 있는 국가는 당연히 지혜, 용기, 절제 그리고 올바름을 골고루 갖추어야 할 거야.

맞아요.

 이 국가가 지혜롭고 분별력 있는 이상국가가 될 수 있는 이유는 보통의 사람들, 즉 생산계급 사람들 때문일까? 아니면 수호자나 통치자 때문일까?

아무래도 통치자와 수호자 때문이겠죠.

 맞아! 생산계급 사람들이 절제를 실천하는 것도 중요하지만 그것만 가지고는 이상국가가 될 수 없어. 이상국가의 핵심은 수호계급 그리고 특히 통치자가 지혜를 갖추고 있는가에 달려 있는 거야.

엄마와 아빠가 지혜로워야 하는 것과 마찬가지네요. 저와 까인이가 아무리 절제를 한다고 해도 부모님이 지혜롭지 못하다면 가정은 올바르게 유지되기가 어려울 테니까요.

 그런데 지혜롭다는 것은 단지 지식이 많다는 것을 뜻하는 것이 아니다.

맞아요. 지식만 있다고 좋은 엄마가 되는 것은 아니니까요.

그렇지. 국가를 운영하다 보면 매우 다양하고 복잡한 문제가 생기게 된다. 때론 전쟁을 해야 하는 경우도 있고 이웃나라와 협력해야 하는 경우도 있어. 또한 범죄를 막고, 홍수나 지진 같은 재난을 대비하는 일도 해야 해. 모든 사람들이 자신의 재능을 발휘할 수 있도록 일자리도 만들고 전염병과 같은 질병에 대비하기 위해 위생도 철저히 해야 하지.

만물박사에 슈퍼맨이 되어야 하겠네요.

마치 가정에서 엄마가 하는 일과 비슷하지 않니?

그렇군요. 지식, 경험, 절제 희생정신까지 골고루 갖추어야 하니까요.

좋아 잘 이해했다. 그럼 정리해 보자. 국가는 통치자, 수호자, 생산계급의 3계급으로 이루어져 있지?

네.

완벽한 이상국가가 되려면 통치자는 지혜, 수호자는 용기, 생산계급은 절제의 세 가지 요소가 필요하다는 거 기억 나니?

그럼요.

세 가지 요소가 필요한 이유는 이상국가가 어떠해야 하기 때문이지?

올바름을 실현하는 국가가 되어야 하기 때문이요.

 옳거니. 그럼 지혜, 용기, 절제 세 가지 요소를 가지고 있는 국가는 저절로 '올바름'이 실현되는 걸까?

또 뭐가 필요하죠?

 만일, 지혜를 가지고 있는 사람이 통치자가 되어야 하는데 그렇지 못하는 경우가 있을 수 있어. 가령 수호자로서 용기는 갖추고 있지만 통치자의 지혜를 갖추고 있지 못한 사람이 통치자가 된다면 국가의 올바름이 실현될까?

지혜는 없고 용기만 있는 사람이 통치자가 된다면 매일같이 전쟁만 하려고 하겠죠.

 그럼, 생산계급으로서 절제능력조차 갖추지 못한 사람이 통치자가 되면?

그러면 국가가 망하겠죠. 통치자가 절제를 못하고 자기 욕심을 부리기만 할 테니까요.

맞아. 그러니 각자가 자신의 능력과 성향에 맞는 일에 최선을 다할 수 있도록 해야 하고, 다른 계급에 대해 간섭하거나 참견하는 일은 삼가는 것이 필요하겠지.

네.

 어험!

웬 헛기침?

 까칠이 네가 이상국가의 모습을 이해한 것이 대견해서 그런다.

그런데 왜 할아버지가 헛기침을 하세요?

 그게 모두 내가 너를 잘 가르쳐서 그런거 아니겠니?

그래요. 할아버지 덕분이예요. 나 참!

 까칠아 우리가 처음 만났을 때 나눈 대화의 주제가 뭐였지?

… 음. 선생님이 스마트폰을 압수하는 것이 올바르지 않다는 것 때문이었죠.

그랬지. 올바름이란 무엇인가에 대해 대화를 하다가 여기까지 온 것이다. 그래서 우리는 올바른 국가, 즉 이상국가에 대해 살펴보았지.

그랬죠.

 그럼 이번에는 올바름이 실현되는 이상국가를 개인에 비유하여 살펴보자.

좋아요.

 국가를 사람에 비유해 보자.

국가를 사람에요?

 인간은 영혼을 가지고 있어. 그런데 영혼은 크게 이성과 욕구 두 가지로 구성되어 있단다.

이성과 욕구요?

 이성은 논리적으로 생각하고 합리적으로 판단하는 능력을 말해. 학생들이 공부를 한다거나 문제를 풀 때 이성을 활용하지.

그럼 욕구는요?

욕구는 쾌락이나 즐거움을 추구하는 부분이야. 맛있는 것을 먹고 싶어하는 것이나 친구들과 게임을 하면서 놀고 싶은 마음이 드는 것은 욕구 때문이지. 이성이 냉정한 정신이라면 욕구는 흥분된 상태라고도 할 수 있어.

이성과 욕구는 모든 인간에게 있는 것이겠네요.

 그래. 그런데 인간의 영혼에는 이성과 욕구 말고 또 하나의 특성이 있단다.

그게 뭔데요?

 바로 격정이다. 주로 분노할 때 나타나는 특성이지.

그건 욕구와 같은 것 아닌가요?

 얼핏 보기에 격정과 욕구는 비슷하지만 다른 특성이란다.

욕구와 격정을 어떻게 구별할 수 있죠?

 까인이가 왕따를 당했다고 할 때 네 마음이 어땠니?

확~ 열 받았죠. 그래서 동생을 괴롭힌 놈을 혼내 주려고 했어요.

플라톤, 국가를 상상하다

그게 바로 격정이란다. 동생의 말을 듣기 전까지는 배가 고파서 밥을 먹고 싶거나 게임을 하고 싶은 욕구가 있었을 거야. 그런데 까인이의 얘기를 듣고 격정이 끓어오른 거야. 그래서 밥 먹고 싶은 욕구와 게임하고 싶은 욕구를 물리치고 녀석에게 달려간 거지. 말하자면 격정이 욕구를 물리친 셈이야.

불의를 보고 화가 치미는 것이 격정이군요.

그렇지. 격정은 이성과 한편이 되어서 욕구를 잠재우는 역할을 해.

격정이 이성과 같은 편이 된다는 것이 잘 이해가 안 되요.

으음…. 얘를 들어 시험을 앞두고 공부계획을 세웠다면 그건 이성의 역할이겠지?

그렇죠.

그런데 졸음의 유혹을 이기지 못하고 잠드는 바람에 이성이 세운 계획을 지키지 못하였다면 그건 무엇 때문일까?

잠자고 싶은 욕구가 이성을 이겨 버렸기 때문이죠.

그렇지, 다음날 아침에 일어나면 어떤 생각이 들까?

나 자신에게 화가 나겠죠. 열 받아서 벽에 머리를 받아 버릴지도 몰라요.

맞아. 바로 그게 격정이야. 이성의 편이 되어 욕구를 혼내 주고 있잖니.

아하! 이제 알겠어요.

앞에서 국가는 통치자와 수호자, 생산계급 세 부분으로 이루어져 있다고 했지?

그랬죠.

국가가 올바름을 실현하기 위해서는 그 세 부분이 조화를 이루고 각각의 역할을 잘 수행해야 한다고 했지?

네.

인간도 마찬가지 아닐까? 이성, 격정, 욕구가 각각의 역할을 통해 조화를 이룬다면 올바름을 실현하는 인간이 될 수 있을 것 같은데.

그렇군요. 올바름을 실현하기 위해 국가와 개인은 비슷한 원리를 가지고 있어요..

그럼 통치자는 인간의 신체에 비유한다며 어느 부위에 속할까?

통치자는 국가 전체를 이끌어 가는 사람이고 지혜를 갖춘 사람이니까 아무래도 머리가 아닐까요?

 딩동댕! 국가의 통치자에게 지혜가 필요하듯이 개인에게도 지혜가 필요하고 그 지혜는 인간의 머리에서 나오는 것이야. 그것을 바로 '이성'이라고 할 수 있겠지.

국가의 통치자는 개인의 머리, 즉 이성과 같은 것이네요.

 그럼 수호자 계급은 인간의 어느 부분이라고 할 수 있을까?

수호자는 용기를 가져야 하고, 용기는 격정과 같으니까, 인간의 신체로 보면… 글쎄요.

 분노하면 가슴이 뛰지 않니?

맞아요. 용기와 격정은 가슴에서 나오는 것 같아요.

 그럼 국가의 수호자들은 인간의 가슴과 같은 역할을 하는 계급이라고 해도 되겠군.

네.

마지막으로 생산계급은 절제가 필요하고 절제는 욕구가 함부로 나오지 못하게 하는 것이니까 신체에 비유한다면 어디겠니?

머리와 가슴을 제외하면 배나 팔다리가 아닐까요?

 맞아, 욕구 중에서 먹고 싶은 욕구가 가장 대표적이니까 배에 비유하면 되겠구나.

동의합니다.

 그럼 국가의 올바름이 통치자(지혜)-수호자(용기)-생산계급(절제)의 조화를 통해 이루어지는 것처럼, 개인도 머리(이성)-가슴(격정)-배(욕구)가 적절히 조화를 이룬다면 올바름을 실현할 수 있겠구나.

맞아요.

 그런데 배가 머리의 역할을 하겠다고 나서거나 가슴이 몸 전체를 조정하려고 든다면?

올바름과는 거리가 먼 미친 사람이 되겠죠.

 그렇다면 세 부분에는 서열과 질서가 있어야 하겠지?

물론이죠.

 누가 대장이 되어야 할까?

그야 당연히 지혜와 이성을 담당하는 머리가 대장 노릇을 해야겠죠.

 가슴의 격정은 이성의 지시에 따라 용감한 태도를 가져야 해. 그리고 배가 지닌 욕구를 절제시킬 수 있도록 해야겠지.

그런데 사람마다 세 가지 특성이 다르게 나타나는 것 같아요.

 물론이다. 이성이 뛰어난 사람도 있지만 욕구가 넘치는 사람도 있다. 어느 부분이 더 강한가에 따라 국가에서 그 사람의 역할도 달라질 거야.

개인의 특성이 국가에서 역할을 결정한다고요?

 가령 통치자가 될 사람은 이성, 격정, 욕구 중에서 어느 것이 더 강해야겠니?

이성이겠죠.

그래. 통치자는 이성을 통해 지혜를 키우고, 수호자는 격정을 통해 용기를, 일반 시민은 욕구를 절제하는 훈련을 해야 해. 그래서 교육이 필요한 거란다.

에고~~ 결국 공부 얘기로 돌아오는군요.

 까칠이 너는 예체능 과목과 수학이 싫다고 했지?

네.

 체육은 수호자로서의 용기를 키우는 과목이란다. 미술, 음악과 같은 예술과목은 욕구를 절제하는 데 도움을 주지. 수학은 이성적인 능력을 키우기 위해 반드시 필요한 과목이야.

….

플라톤, 국가를 상상하다

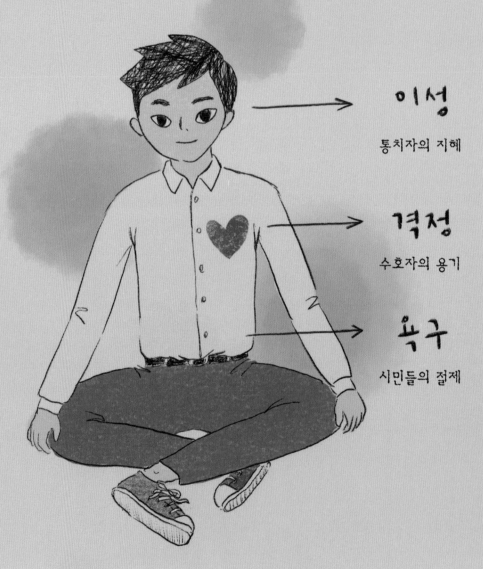

이성
통치자의 지혜

격정
수호자의 용기

욕구
시민들의 절제

플라톤, 국가를 상상하다

이상국가를 위한 세 가지 덕목

국가를 구성하는 세 계급이 각자 자신들에게 주어진 덕목을 충실하게 실천할 때 올바름이 실현되는 이상국가를 건설할 수 있다. 특히 통치자와 수호자 계급은 자신의 행복을 위해서가 아니라 국가 전체의 행복을 위해 일해야 한다. 이상국가를 이루기 위해 세 계급에게 주어진 덕목은 통치자—지혜, 수호자—용기, 시민(생산자)—절제이다. 세 가지 덕목이 조화를 이룰 때 국가는 올바름이 실현되며 이상국가가 된다.

국가와 마찬가지로 인간의 혼도 세 부분으로 나누어지며 각각의 역할이 주어진다. 인간의 혼은 머리, 가슴, 배로 나눌 수 있고 각각은 이성, 격정, 욕구를 담당한다. 국가가 통치자의 지혜에 의해 올바름이 실현되듯이 개인도 머리가 담당하는 이성에 의해 올바름을 실천할 수 있다. 그러므로 올바름은 국가나 개인이나 같은 원리에 의해 실현된다.

Chapter 5

철학자가
통치하는 국가

제5장에서는 국가의 수호자와 통치자로서 어떤 사람이 자격이 있는지에 대해 대화가 이어집니다. 소크라테스는 클라우콘의 질문에 대해 세 단계(세 개의 파도)로 나누어 설명합니다. 첫째는 여성 수호자의 역할을 이야기하고, 둘째 수호자집단은 무엇이든지 개인이 소유하는 것이 아니라 함께 공유해야 한다고 말합니다. 공유해야 하는 것 중에는 배우자와 자녀도 포함됩니다. 셋째 현실에서 이상국가가 실현 가능한지를 따져 봅니다.

소크라테스는 자신이 말한 이상국가가 현실에 존재하지 못하는 이유에 대해서도 설명을 이어갑니다. 철학자가 통치자가 되어 국가를 운영하면 이상국가를 실현할 수 있다는 것입니다. 그런데 현실은 그렇지 못하기 때문에 아직까지 완벽한 이상국가는 실현되지 않은 것입니다.

이어서 소크라테스는 철학자란 지혜를 사랑하는 사람이며, 지혜의 사랑은 세상의 본질과 진리를 추구하는 것을 의미한다고 설명합니다.

기말고사가 끝나고 여름방학이 며칠 앞으로 다가왔습니다.

학생들이 여름방학에 대한 기대로 들떠 있을 무렵, 선생님들 사이에 흉흉한 소문이 돌았습니다. 교장 선생님이 학교 운동장으로 사용할 땅에 상가 건물을 지으려고 했다가 비리 혐의로 수사를 받게 되었다는 것입니다. 선생님들은 학생들에게까지 그 사실이 알려지는 것을 원하지 않았지만 소문은 어느새 학생들의 귀에도 들어오기 시작했습니다. 아이들은 삼삼오오 모여 수군댔습니다.

"학생들이 사용할 땅에 돈 벌기 위해서 상가를 지으려고 했대."

학교를 책임져야 할 교장 선생님이 그런 일을 했다니…. 까칠이도 기분이 좋지 않았습니다.

집에 돌아온 까칠이는 부모님께 그 소문에 대해 말씀드렸습니다.

"넌 그런 일에 신경 쓰지 말고 공부만 열심히 해."

"밥 먹고 학원 숙제 해야지."

아빠의 말씀에 엄마까지 거들었습니다. 까칠이는 뭔가 더 말을 하고 싶었지만 입을 다물 수밖에 없었습니다.

식사를 마치고 방으로 들어간 까칠이는 〈아카데미아〉 앱을 열었습니다.

 까칠이가 입이 근질거리는 모양이구나?

플쌤도 우리 학교 소문 알고 계세요?

 나야 당근 모르는 게 없지.

이번 일은 뭔가 문제가 있는 것 같아요.

 글쎄다.

플쌤도 우리 아빠처럼 말씀하실 거라면 그만두세요.

 아니, 나는 항상 네 편이란다.

학교는 학생을 위한 곳인데, 운동장으로 쓸 땅을 돈을 버는 데 사용하는 것은 올바름과 거리가 멀다고 생각해요.

 와우! 까칠이가 스승님과 대화를 나누더니 말을 매우 논리적으로 하네. 쌤이 생각해도 네 말이 옳다고 본다.

생각할수록 화가 나요. 어른들은 왜 그런지 모르겠어요. 교장 선생님은 물론이고 선생님들이나 부모님도 마찬가지예요.

 열 받지 말고 소크라테스 스승님과 이야기를 나눠 보렴.

까칠이는 소크라테스 할아버지를 빨리 만나 보고 싶었습니다. 다른 어른들과는 달리 소크라테스 할아버지와는 진지한 대화를 나눌 수 있을 것 같았기 때문입니다.

할아버지.

 허허! 기다리고 있었다.

어떻게 이런 일이 있을 수 있는 거죠?

학교를 국가라고 가정해 보자. 교장 선생님은 어떤 분이지?

국가로 치자면 통치자라고 할 수 있겠죠.

 통치자는 누구를 위해서 일해야 한다고 했지?

통치자는 자기 자신의 이익이 아니라 국가 전체를 위해 봉사해야 한다고 배웠죠.

 그렇지! 만일 올바름이 실현되는 이상적인 학교였다면 교장 선생님이 학생들의 이익을 위해 행동해야 하지. 그런데 이번 사건은 통치자인 교장 선생님이 학교 전체의 이익이 아니라 자신의 이익을 위해 행동했기 때문에 벌어진 일이라고 볼 수 있어.

그렇다면 교장 선생님은 통치자 자격이 없는 거네요.

 현재 사실을 확인하는 중이니까 좀 더 지켜봐야 하겠지만 소문이 사실이라면 그렇겠지.

통치자 한 사람의 잘못으로 학교 전체가 불명예스럽게 될 수도 있네요.

 그만큼 통치자의 역할이 중요하단다. 그럴수록 수호자와 시민들이 자신의 역할을 잘해야겠지.

어떻게요?

 교장 선생님이 통치자라면 수호자와 시민은 누구이겠니?

수호자는 선생님들이고 시민은 학생들이라고 할 수 있겠죠.

 수호자와 시민의 덕목은 무엇이지?

수호자는 용기, 시민은 절제라고 배웠어요.

 음. 잘 기억하고 있구나. 수호자인 선생님들은 용기 있게 나서서 잘못된 점을 고치려고 노력해야겠지. 그리고 시민인 학생들은 함부로 나서기보다는 확신한 결과가 나올 때까지 절제하고 기다릴 줄 알아야 해.

그럼 우리 학생들은 그저 가만히 있어야 하나요?

 정확한 사실이 밝혀질 때까지는 참고 기다리며 절제할 필요가 있단다.

잘못은 통치자가 했는데 왜⋯.

그래. 통치자의 잘못으로 온 국민이 손해를 입는다면 올바른 국가라고 할 수 없을 거야. 그래서 통치자가 될 사람은 엄격한 절차에 의해서 평가받아야 하고, 통치자가 된 후에는 재산을 소유할 수 없으며, 진정으로 국가 전체를 위해서 일하는지 감시받아야 한단다.

그런데 현실은 그와 반대 아닌가요? 권력을 가진 사람들이 더 욕심을 부리고 잘못을 하더라도 권력을 이용해서 벌을 받지 않으려고 하잖아요.

그래서 지금까지 이상국가를 이루지 못하고 있는 것 아니겠니?

소크라테스 할아버지는 말씀을 멈추고 길게 한숨을 쉬었습니다. 까칠이도 할아버지의 심정을 조금은 이해할 수 있었습니다.

할아버지. 속상해하지 마세요.

나야 이미 오래전 사람이니까 괜찮다만, 까칠이 너 같은 청소년들이 걱정돼서 그런다.

언젠가 올바른 이상국가를 만들 수 있을 거예요.

2400년이 지나도록 불가능했는데 그게 가능할까?

위대한 철학자 할아버지가 약한 모습을 보이시다니…. 걱정 마세요. 우리 청소년들이 나서서 올바른 사회를 만들어 볼 게요.

 고맙구나.

이상국가가 되기 위해서 어떤 사람이 통치자가 되어야 하는 지 알려 주세요.

 옛 속담에 '친구들의 것은 공동의 것'이라는 말이 있단다. 수 호자와 통치자들이 이 속담을 잘 실천한다면 그게 바로 이 상국가라고 할 수 있다.

친구들의 것은 공동의 것…?

 통치자와 수호자처럼 권력을 가진 사람들은 모든 것을 공동 으로 사용하고 나누어야 한다는 뜻이다. 즉 아무것도 소유 해서는 안 된다는 의미란다.

그 얘기는 전에도 하셨잖아요?

 그게… 좀 심할 정도로 철저하게 적용하는 거라 충격을 받 을 수도….

플라톤, 국가를 상상하다

무슨 말씀이세요. 충격 안 받을 테니 말씀해 주세요.

내 말을 이해하는 과정은 험난한 파도를 세 번이나 넘는 것과 같단다. 그만큼 세 가지 이야기가 황당하게 들릴 수도 있다는 얘기다.

말씀해 보세요.

좋아. 우선 첫 번째 파도….

두구두구두구….

수호자가 될 수 있는 자질은 남녀 모두에게 있고 여성도 수호자가 될 수 있다. 그러므로 수호자의 자질을 갖춘 여성들은 남자들과 함께 살면서 똑같은 교육을 받아야 한다. 이것이 첫 번째 파도야.

그거야 당연한 거 아닌가요? 험난한 파도를 넘어야 한다더니 당연한 말씀을 하시네요.

어험! 내가 이 얘기를 한 것이 자그마치 2400년 전이었다는 사실을 생각해 보거라. 당시에는 여성을 노예와 마찬가지로 남성의 소유물로 생각하던 때였단다. 그런데 여성도 수호자와 통치자가 될 수 있다고 말했으니 사람들이 어떻게 생각했겠니?

하긴, 당시 사람들은 할아버지 말씀을 듣고 놀라 자빠졌을 수도 있겠네요.

자! 두 번째 파도가 몰려올 차례다. 이번엔 까칠이 너도 쉽게 넘기 어려울 걸.

걱정 마세요. 제가 보기보다 쿨하거든요.

두 번째 파도는… 배우자와 자식을 공유해야 한다는 거다.

배우자와 자식을 공유? 그게 뭐죠?

통치자와 수호자들은 재산을 가져서는 안 된다고 했던 거 기억나지?

그럼요.

그런데 재산뿐 아니라 부인과 남편 그리고 자식까지도 공동으로 소유해야 한다는 거야.

그럼 자기 남편이나 부인이 누구인지도 모르고 자식도 부모가 누구인지 모르게 되는 건가요?

당연하지 수호자들은 남녀가 모여서 공동생활을 하기 때문에 부부도 공동, 자식도 공동, 부모도 공동이어야 한다.

플라톤, 국가를 상상하다

그건 너무한 거 같은데요.

더욱 놀라운 것은 수호자들 중에서 가장 뛰어난 남녀를 골라 짝을 맺도록 하고 둘 사이에서 많은 자식들이 태어나게 한다는 것이다.

점점 더 충격이네요.

뛰어난 유전자를 가진 남녀 사이에서 뛰어난 자식이 태어날 가능성이 높기 때문이지. 장차 통치자가 될 아이를 낳기 위해서 필요하단다.

그럼 뛰어난 유전자를 가지지 못한 사람은 자식을 낳을 수 없나요?

그렇지는 않다. 다만 뛰어난 남녀 사이에서 태어난 아이들은 별도로 최고의 교육을 시키고 나머지는 그럴 필요가 없어.

그렇게 하면 많은 사람들이 불만을 가질 텐데요.

그러니까 그런 사실을 통치자 이외에는 아무도 모르게 해야지.

어떻게요?

어차피 수호자들은 배우자와 자식을 공유하기 때문에 어느 아이가 자기의 자식인지 알지 못해. 그리고 통치자는 교묘한 방법을 써서 뛰어난 남녀를 맺어주도록 하면 돼.

그게 가능한가요?

그래서 통치자는 약간의 속임수를 써야 할 필요가 있어. 추첨을 하는 것처럼 속이고 사실은 통치자가 미리 정한 짝끼리 맺어지게 하는 거야. 그뿐 아니지 아무리 뛰어난 유전자를 가진 사람이더라도 남자는 20세~55세, 여자는 20세~40세 사이의 건강하고 젊은 시기에만 아이를 낳도록 해야 해. 그렇게 태어난 아이들은 공동으로 양육하고 교육하니까 수호자들 공동의 자식이 되는 거지.

그럼 친부모가 누군지도 알 수 없겠네요.

누가 친부모인지는 중요하지 않다. 수호자 모두가 같은 부모이고 아이들 모두가 수호자들의 자식이 되는 거야.

왜 그렇게까지 해야 하죠?

만일 수호자들이 보통 사람들처럼 각자 가정을 꾸리고 자녀를 갖게 된다면 국가 전체보다 자기 가족을 먼저 생각하게 될 거야. 그러면 국가를 위해 희생하고 봉사하는 데 소홀하게 될 게 뻔하지 않니?

플라톤, 국가를 상상하다

그래도 그런 좀….

그들이 어릴 때부터 공동의 자식으로 교육받고 양육된다면 성인이 되어서도 모든 사람을 친부모나 친형제로 여기게 되지 않겠니?

헐~~.

어때. 여기까지가 두 번째 파도다.

근데 할아버지의 말씀이 현실적으로 실현 가능하기나 한 건가요?

좋은 질문이다. 그게 바로 세 번째 파도란다.

세 번째 파도를 넘으려면 실현 가능한 방법을 찾아야 하겠군요.

실현할 수 있는지 아닌지는 별로 중요하지 않단다.

이제 와서 그게 무슨 말씀이세요.

예를 들어 어떤 화가가 완벽하게 아름다운 인간의 모습을 그림으로 표현했다고 치자. 그 화가는 당연히 훌륭한 화가라고 칭송을 받겠지?

그렇겠죠.

그런데 그림 속의 인물이 실제로 있지 않다고 해서 그 화가를
훌륭하지 않다고 말하는 것은 올바른 일일까?

그렇지 않죠. 현실에 없는 완벽한 인간을 작품으로 표현한
것이니까 오히려 더 훌륭한 화가인 셈이죠.

마찬가지로 나는 가장 완벽한 국가의 모습을 말한 것이야.
그런 국가가 현실에 없다고 해서 나의 말이 훌륭하지 않다
고는 할 수 없는 것 아니겠니?

….

완벽한 이상국가의 모습에 가장 가깝게 다가갈 수 있도록 노력
하는 게 올바른 태도가 아닐까?

할아버지 말씀은 당해 낼 수가 없네요.

까칠이는 잠시 앱을 끄고 곰곰이 생각해 보았습니다. 생각하면 할
수록 소크라테스 할아버지의 말씀이 알쏭달쏭하기만 했습니다. 그때
앱이 열리며 플라톤 쌤이 등장했습니다.

플라톤, 국가를 상상하다

고민하는 모습을 보니 까칠이가 마치 철학자 같구나.

소크라테스 할아버지와 대화를 하면 할수록 머리가 아파요.

스승님이 2400년 전에 하신 생각을 그대로 받아들인다는 것이 쉽지는 않겠지.

당시 아테네 사람들이 왜 소크라테스 할아버지를 싫어했는지 알겠어요.

옛날이나 지금이나 사람들은 자신이 가진 것을 놓으려고 하지 않잖니. 그러니 재산은 물론 가족까지 공유해야 한다는 스승님의 주장을 받아들이기가 어려웠겠지.

만일 소크라테스 할아버지 말씀처럼 올바른 이상국가가 만들어졌다면 지금쯤 모든 사람들이 평화롭고 행복하게 살아갈 수 있었을지도 모르겠군요.

나도 그 점이 안타깝단다. 그래서 스승님이 돌아가신 후에 내가 『국가』라는 책을 쓴 거 아니겠니.

쌤의 말씀을 듣고 보니, 소크라테스 할아버지의 마음이 더 이해가 되네요.

모든 국가의 통치자들이 내 책『국가』를 읽고 그대로 실천하기만 했다면 살기 좋은 사회가 되었을 텐데.

맞아요. 우리 학교 교장 선생님도 쌤의 책을 읽고 그대로 실천했다면 선생님들과 학생들 모두가 좀 더 행복했을 거예요.

나도 그게 안타깝구나. 아무튼 다시 스승님과 대화를 나눠 보렴.

플라톤 쌤이 사라지자 기다렸다는 듯 소크라테스 할아버지가 화면에 등장했습니다.

지금이라도 할아버지가 생각하신 이상국가를 만들려면 어떻게 해야 할까요?

알고 보면 그리 어려운 일도 아니란다. 바로 철인정치가 이루어지면 가능한 일이지.

철인정치? 그게 뭔데요?

철학자가 군주, 즉 왕이 되거나 아니면 왕이 철학자가 되기만 한다면 이상국가는 이루어질 수 있단다.

그럼 할아버지나 플샘 같은 철학자가 통치자가 되어야 한다는 말씀인가요?

 딩동댕.

설마. 할아버지가 왕이 되고 싶은 욕심이 있어서 그런 건 아니시죠?

 짜샤, 철학자가 그런 사소한 것에 욕심을 부리는 줄 아느냐?

철학 박사나 철학 교수님이라고 욕심이 없겠어요?

 철학 지식이 있다고 진정한 철학자가 되는 것은 아니야.

그럼 진정한 철학자는 어떤 사람인가요?

 진정한 철학자는 바로 지혜를 사랑하는 사람이야.

지혜를 사랑하는 사람들은 매우 많을 텐데요. 예를 들어 가수는 노래에 대한 지혜를 사랑하는 사람이고, 화가는 그림에 대한 지혜를 사랑하는 사람이잖아요. 저는 게임을 사랑하는데 그렇다면 저도 철학자라고 할 수 있겠네요?

음. 네가 말한 사람들은 엄밀하게 말하면 지혜를 사랑하는 사람이라고는 할 수 없어. 굳이 말하자면 지혜를 사랑하는 사람을 닮은 사람이지.

지혜를 사랑한다는 게 뭔지 알쏭달쏭한데요.

 세상의 모든 지혜를 사랑하는 사람이 철학자야. 다른 말로 표현하면 진리를 사랑하는 사람이지.

진리? 점점 더 어려워지는데요. 좀 쉽게 설명해 주세요.

 진리는 본질과 같은 거라고 생각하면 좀 이해가 될까?

그래도 모르겠어요.

 가령 아름다움에 대해 생각해 보자. 아름다운 꽃이 보면 누구나 꽃의 아름다운 모습을 느낄 수 있겠지?

당연하죠.

 아름다운 노래를 듣는다면 소리를 통해 아름다움을 인식하겠지?

그렇죠.

플라톤, 국가를 상상하다

사람들은 아름다운 소리, 빛깔, 모양을 가진 물건을 아름답다고 인식하기 마련이다.

네.

 그런데 아름다움 자체를 인식할 수 있는 사람은 몇이나 될까?

아름다움 자체는 눈으로 볼 수는 없죠.

 아름다운 꽃, 아름다운 음악, 아름다운 사람을 보고 아름답다고 느끼는 것은 '인식'이 아니라 하나의 '의견'일 뿐이야.

눈으로 보거나 귀로 듣는 것은 인식이 아니라는 건가요?

 그렇지. 인간은 시각, 청각, 후각, 미각, 촉각 다섯 가지의 감각을 통해 사물을 느낄 수 있어. 하지만 감각으로 느끼는 것은 진정한 인식이 아니라는 거야.

감각이 아니면 무엇으로 인식할 수 있나요?

 인간의 감각기관은 얼마든지 착각을 일으킬 수 있어. 누군가 감각을 속일 수도 있고. 그러니 감각만으로는 올바른 판단을 할 수 없지.

하긴 그래요. 저도 배가 고프면 헛것이 보이기도 하니까요.

 아름다움 자체, 즉 아름다움의 본질과 아름다움의 진리는 눈에는 보이지 않아. 오직 이성을 통해 인식할 수 있어.

이성이라면 인간의 머리에 해당한다고 말씀하신 것 말인가요?

 기억력이 좋구나. 개인에게는 머리에 해당하고 국가로서는 통치자의 지혜에 해당하는 것이지.

그럼 지혜를 사랑한다는 것은 이성으로 인식하는 것을 말하는 것이군요.

 딩동댕. 지혜를 사랑하는 것은 곧 본질과 진리를 인식하는 것을 말하는 것이란다.

과연 그런 능력을 가진 사람이 있을까요?

 바로 네 앞에 있잖니?

누구요?

 바로 나 말이다. 철학자 소크라테스. 난 항상 지혜를 사랑하지.

플라톤, 국가를 상상하다

철학자가 겸손하지는 않은 것 같군요.

 짜식, 질투하냐?

혹시 할아버지가 우리 학교 교장 선생님이 되실 생각은 없
으세요?

 그러면 좋겠지만 아마도 반대하는 사람들이 많을걸.

서울 00중학교 교장 비리혐의 수사 착수

이러한 이상국가가 현실적으로 가능한가?

통치자와 수호자는 소유할 수 없고, 배우자와 자식까지 공유해야 한다

통치자와 수호자의 자격은 여성, 남성의 차이가 없다

철학자가 통치하는 국가

국가의 통치자와 수호자가 되기 위해서는 세 개의 파도를 넘어야 한다. 첫째는 통치자와 수호자의 자격은 남성과 여성의 차이가 없다는 것이다. 당시는 여성에 대한 차별이 심했던 시대였다. 그러므로 여성에게도 동등한 기회가 있다는 주장은 매우 파격적인 것이었다. 둘째 통치자와 수호자는 재산을 소유할 수 없는 것은 물론 배우자와 자식까지 공유해야 한다. 뛰어난 자녀를 출산하기 위해 뛰어난 유전자를 지닌 남녀를 맺어 주어야 하는데 이것은 통치자만이 할 수 있다. 셋째 이러한 이상국가가 현실적으로 가능한가의 문제이다. 소크라테스는 이상국가는 가장 완벽한 사회를 의미하는 것이므로 현실 가능성과는 관계없다고 말한다.

이상국가가 실현되기 위해서는 철학자가 국가의 통치자가 되어야 한다. 소크라테스는 철학자를 지혜를 사랑하는 사람이라고 정의한다. 사물의 본질과 진리를 끊임없이 추구하는 사람이 바로 철학자인 것이다. 철학자는 개인적인 욕심으로부터 자유롭고 오로지 진리를 추구하기 때문에 국가를 완벽하게 통치할 수 있다. 진리는 인간의 감각으로 인식하는 것이 아니라 이성의 능력으로 본질을 인식할 수 있다. 철학자는 감각에 현혹되니 않고 이성을 통해 본질을 인식할 수 있는 사람이다.

Chapter 6

좋음의 이데아와 동굴의 비유

6장에서는 앞서 살펴본 본질과 진리의 인식에 대한 내용을 좀 더 구체적으로 다룹니다.

『국가』의 가장 중요한 개념인 '이데아'의 의미가 여기에서 등장하는데, 소크라테스는 글라우콘과의 대화를 통해 이데아를 설명합니다. 또한 올바른 통치자를 육성하기 위해 어떠한 과정을 거쳐야 하는지에 대해서도 구체적 설명이 이어집니다. 통치자가 되기 위해서 배워야 할 것들은 매우 많습니다. 그중에서도 가장 중요하고 어려운 것은 '좋음의 이데아'입니다. 좋음의 이데아를 설명하기 위해 소크라테스는 태양의 비유 그리고 가장 유명한 동굴의 비유를 들려 줍니다.

까칠이네 학교는 다시 안정을 되찾았습니다. 교장 선생님이 자신의 실수를 인정하고 운동장을 학생들을 위해 사용하기로 결정한 것입니다. 학교의 통치자라고 할 수 있는 교장 선생님께서 뒤늦게나마 현명한 판단을 한 것에 대해 선생님들은 물론 학생들과 부모님들도 환영의 뜻을 보냈습니다.

　까칠이는 이번 일을 지켜보면서 통치자가 진정으로 사랑하고 추구해야 하는 것인 무엇일까 생각해 보았습니다. 그리고 소크라테스 할아버지의 말씀대로 철학자가 통치자가 된다면 학교나 국가나 올바름이 실현될 수 있을 것이라는 결론을 얻었습니다.

학교가 다시 안정을 찾았으니 이제 공부에 집중해야겠구나.

할아버지까지 공부하라고 스트레스를 주시네요.

 내가 말하는 공부는 시험공부를 하라는 게 아니다.

그럼 뭔데요.

 지혜를 사랑하고, 진리를 인식할 수 있는 능력을 키우라는 거야.

그럼 저보고 철학자가 되라는 말씀이세요?

 열심히 노력하다 보면 철학자가 될 수도 있겠지.

철학자가 되려면 어떤 자질을 갖추어야 하는데요.

 철학자는 눈에 보이는 것을 넘어서 존재의 본질을 인식할 수 있는 능력을 갖추어야 한다.

존재의 본질? 점점 어렵네요.

 철학자는 거짓을 싫어하고 진리 탐구하는 것을 좋아한다. 그리고 재물을 좋아하지 않고 절제를 할 줄 알아. 비겁하지 않고 올바른 일을 주저 없이 실천하지. 간단히 말해서 철학자는 진리와 올바름, 용기, 절제를 한꺼번에 추구하는 사람이야.

그 정도면 인간이 아니라 신이라고 할 수 있겠네요.

그만큼 철학자가 되기란 쉬운 일이 아니다. 그렇기 때문에 철저한 교육을 받고 여러 번의 시험을 거쳐 가장 뛰어난 사람을 선발해야 하는 거란다.

그런데 현실에서는 철학자들이 별로 환영받지 못하는 거 같아요. 소크라테스 할아버지의 경우에도 그랬고요.

그게 안타까운 일이지. 예를 들어 커다란 배가 있는데 그 배를 조종하는 선장으로 가장 적합한 사람은 누구이겠니?

가장 경험이 많고 조종기술이 뛰어난 사람이어야 하겠죠.

네 말이 옳다. 그러나 실제로는 엉뚱한 사람이 선장이 되는 경우가 많아.

어떤 사람이요?

대부분의 사람들은 선장의 자질을 갖추려고 노력하지도 않은 채 서로 배를 조종하려고 들지. 결국 싸움에서 이긴 힘센 사람이 스스로 선장 자리를 차지하고 배를 엉뚱한 곳으로 몰고 가게 된단다. 그러다가 배가 침몰할 수도 있다.

배가 위험해지면 진짜 능력을 갖춘 사람이 나서지 않을까요?

물론 진짜 선장 자격이 있는 사람은 위험을 경고하고 올바른 항해를 해야 한다고 충고하겠지.

그러면 배를 위험에서 구할 수 있게 되겠군요.

 그런데 사람들은 그 사람의 말을 받아들이기보다 쓸데없이 참견하는 사람으로 여기고 왕따를 시키곤 한단다.

조종술이 가장 뛰어난 사람이 왕따를 당하면 배는 어떻게 되는 거죠?

 배에 타고 있는 모든 사람들이 죽음을 맞이할 수도 있겠지.

끔직한 일이군요.

 그렇기 때문에 진정으로 능력을 갖춘 사람을 선발하고 그 사람을 선장으로 받아들일 수 있도록 제도를 만들어야 해.

그렇겠네요.

 배를 국가라고 가정한다면 선장은 통치자에 해당하지. 뛰어난 조종 능력을 갖춘 사람은 철학자에 비유할 수 있다.

철학자가 국가의 통치를 맡아야 한다는 주장이 더 확실하게 이해가 되요.

그런데 옛날이나 지금이나 철학자들은 왕따 신세를 면하지 못하고 있으니 걱정이다.

철학자가 왕따를 당하면서도 끊임없이 지혜를 사랑하는 이유는 뭔가요?

 좋은 질문이다. 그들은 부귀영화보다 진리를 사랑하기 때문이야. 보통 사람들은 맛있는 음식을 먹고 좋은 집에서 편하게 사는 것을 최고로 여기지만 철학자는 이 세계의 본질을 인식하는 것을 최고의 가치로 여긴단다.

진리를 추구한다는 거 말인가요?

 그래. 진리 중에서도 최고의 진리는 바로 '좋음의 이데아(Idea)'야.

이데아?

 이데아란 세상에 존재하는 모든 것의 '참모습'이라고 이해하면 돼.

참모습이라면 거짓 모습도 있다는 얘기네요.

 그렇지. 까칠이가 추론능력이 대단하구나.

플라톤, 국가를 상상하다

뭘요. 그 정도 가지고.

 게다가 겸손하기까지?

이데아에 대해 설명이나 해 주세요.

 참! 이데아를 설명하려던 참이었지?

네.

 이데아, 즉 참모습은 변하지 않고 영원하며 완벽한 것을 말한다. 우리 눈에 보이는 모든 것들은 완벽하지도 영원하지도 않아. 하지만 이데아는 완벽하고 영원한 것이야.

그럼 우리 눈에 보이는 것들은 모두 거짓 모습이겠네요?

 역시 추론력이 뛰어나군. 인간이 감각을 통해서 알 수 있는 것은 모두 가짜라고 생각하면 돼. 우리 눈에 보이는 것 중에서 영원히 변하지 않는 완벽한 것이 있을까?

… 글쎄요. 하늘의 태양은 영원하지 않나요?

 인간의 삶에 비한다면 영원하겠지만 태양도 언젠가는 그 빛을 잃고 소멸하게 될 거야.

하긴 태양도 우주 전체에 비하면 작은 별에 불과하니까요.

 인간의 감각으로 느낄 수 있는 것은 가짜이고 진짜는 이성을 통해서만 인식할 수 있어. 그게 바로 철학자가 할 수 있는 일이다.

또 어려워지는데요.

 음~. 삼각형을 예로 설명해 줄게.

좋아요.

 삼각형은 세 개의 선분으로 둘러싸인 평면도형인데, 세 각의 합은 항상 180°라고 알고 있지?

제가 수학을 싫어하지만 그 정도는 알죠.

 그런데 이 세상에 완벽한 삼각형이 있을까?

정밀한 자를 대고 그리면 가능하지 않을까요?

 아무리 정밀한 자를 이용해서 선을 그린다고 해도 현미경으로 들여다보면 울퉁불퉁 꼬불꼬불한 곡선이 될 걸.

컴퓨터로 그리면요.

컴퓨터로 그려도 완벽할 수는 없지. 원래 직선은 두께는 없고 길이만 있는 건데 종이나 화면에 그리는 순간 이미 선의 두께가 생기잖니. 두께가 생기면 그건 이미 직선이 아니까 완벽한 삼각형은 애초에 불가능해.

엄밀하게 따지면 완전한 삼각형은 아무도 그릴 수 없겠죠.

 그렇다고 완벽한 삼각형이 없는 걸까?

없는 건 아니지만 아무도 그릴 수 없으니까 그게… 있기도 하고 없기도 하고….

 하하! 쉽게 대답을 못하는 구나.

할아버지는 알쏭달쏭한 질문으로 골탕먹이는 게 취미세요?

 그럴 리가 있니? 내 취미는 지혜를 사랑하고 세계의 본질을 탐구하는 건데.

삼각형이 세계의 본질하고 관계가 있어요?

 물론이지. 네가 삼각형이 있기도 하고 없기도 하다고 했지?

네.

없다고 생각한 이유는 뭐니?

실제 그릴 수 없으니 눈으로 볼 수도 없고 만질 수도 없으니까요.

 인간의 감각으로는 완벽한 삼각형을 인식할 수 없다는 뜻이구나?

그렇죠.

 그렇다면 삼각자나 피라미드처럼 우리 눈에 보이는 삼각형은 진짜가 아니라 진짜를 흉내 낸 가짜 삼각형이라고 할 수 있겠지?

네.

 그럼 진짜는 어디에 있을까?

현실에는 없으니 인간의 머릿속에 상상으로만 존재하겠죠.

 그럼 인간의 이성을 통해 상상한 것을 모방해서 만든 것이 현실에 있는 삼각형이네.

그렇군요.

플라톤, 국가를 상상하다

그럼 진짜 완벽한 삼각형은 인간의 이성으로만 인식할 수 있다고 할 수 있겠지?

네.

 옳거니. 이제 이데아에 대한 설명 끝!

그게 뭐예요. 이데아는 설명도 안 하시고 삼각형 얘기만 하셨잖아요.

 추론능력이 뛰어나면 그 정도만 들어도 알 텐데.

자꾸 약 올리시면 앱 닫고 배터리 확 빼버릴 거예요.

 미안 미안해. 그렇다고 너무 까칠하게 굴지 마라. 까칠아.

이데아에 대해 설명이나 하세요.

 이데아는 '참모습'이라고 했던 거 기억 나니?

그럼요.

 삼각형의 참모습은 인간의 머리, 즉 이성을 통해 인식할 수 있겠지?

네.

그게 바로 삼각형의 이데아야. 현실세계에 있는 삼각형은 삼각형의 이데아를 본 따서 만든 것이고.

조금 알 것 같아요. 그럼 삼각형 말고 다른 것들도 이데아가 있겠네요.

당연하지. 세상에 있는 모든 것은 이데아를 본 따서 만든 거니까. 가령 목수가 책상을 만든다면 먼저 머릿속으로 책상의 이데아를 상상한 후 나무를 잘라 최대한 완벽한 책상, 즉 책상의 이데아와 비슷하게 만들려고 할 거야. 아름다운 꽃을 그리는 화가도 이성을 통해 꽃의 이데아를 상상하고 그림을 그리게 되지.

그럼 고양이나 개의 이데아도 있겠네요. 인간의 이데아도 있고.

물론이지. 이 세상에 존재하는 모든 것의 이데아가 있단다.

이데아의 세계가 어디에 있는 거죠?

이데아는 눈에는 보이지 않고 이성을 통해서만 인식할 수 있다고 했잖니. 그러니 이데아의 세계도 눈에 보이는 곳에 있는 것이 아니라 이성의 세계에 있다고 생각하면 돼.

알 것도 같은데 아직은 어렵네요.

플라톤, 국가를 상상하다

책상을 만드는 목수는 책상의 이데아를 잘 인식하고, 구두를 만드는 사람은 구두의 이데아를 잘 인식하겠지?

당연하죠. 각자 그 분야의 전문가니까요.

 그런데 이데아 중에서도 가장 최고의 이데아가 있어.

이데아에도 서열이 있다고요? 그게 뭔데요?

 아름답거나 착하고 올바른 것을 보면 우리는 '좋다'라고 표현하지?

그렇죠.

 최고의 이데아는 바로 '좋음의 이데아'야.

좋음에도 이데아가?

 현실 세계에도 좋은 것들은 매우 많아. 하지만 완벽하고 영원하게 좋은 건 없을 거야. 그러니 완벽하면서 동시에 영원한 좋음은 바로 좋음의 이데아라고 할 수 있어.

말씀을 듣고 보니 그렇긴 하네요.

책상의 이데아는 목수가, 구두의 이데아는 구두 만드는 사람이 잘 인식하듯이, 좋음의 이데아도 누군가 잘 인식할 수 있는 사람이 있지 않을까?

최고의 이데아인 좋음의 이데아를 인식하는 것은 아무나 하기 어려울 것 같은데요.

 맞아. 좋음의 이데아는 오직 철학자만이 인식할 수 있단다.

오늘따라 너무 어려운 것 같아요.

 아마 그럴 거야. 오늘은 그만 쉬고 내일 알기 쉽게 얘기해 주마.

앱을 끄자마자 까칠이는 골아 떨어졌습니다. 까칠이가 꿈나라에 빠져 있는 동안 플라톤 쌤이 까칠이의 SNS에 다음과 같은 격려의 메시지를 남겼습니다.

 까칠아. 오늘 스승님과 대화를 나누느라 힘들었지? 가끔 까칠하게 굴기는 했지만 네가 스승님과 진지하게 대화를 나누는 모습을 보니 참 대견스럽구나. 너를 통해 처음으로 힘들게 『국가』를 쓴 보람을 느낄 수 있었다. 오늘 스승님과 나눈 '이데아' 이야기

플라톤, 국가를 상상하다

는 『국가』에 나오는 내용 중 가장 중요한 내용이란다. 조금 어려웠겠지만 이데아를 이해하고 나면 까칠이 너도 절반은 철학자가 된 것이나 다름없단다. 까칠이 네가 철학을 이해하고 실천할 수 있도록 항상 응원하마. 파이팅!

다음날 플라톤 쌤의 메시지를 읽은 까칠이는 왠지 마음이 뿌듯해지는 느낌이 들었습니다. 세상의 본질에 대해 조금씩 인식해 나간다고 생각하니 어른이 된 기분이었습니다.

학교에서 친구들과 어울리면서도 까칠이의 머릿속에는 '이데아'에 대한 생각이 떠나지 않았습니다. 평소 별다른 생각 없이 받아들였던 것들을 보며 이데아를 떠올려 보기도 했습니다.

'학교의 이데아는 어떤 모습일까? 아마도 학생들이 공부할 수 있도록 모든 것이 완벽하게 갖추어진 모습일 거야. 선생님의 이데아는 어떨까? 학생들이 궁금해 하는 모든 것은 완벽하게 해결해 줄 수 있는 능력과 성품을 가진 분이겠지. 친구의 이데아는? 가족의 이데아는? 국가의 이데아는?'

이런 저런 생각을 하느라 하루가 어떻게 지나는지도 모를 지경이었습니다. 집에 돌아와 저녁을 먹은 후 〈아카데미아〉앱을 열고 소크라테스 할아버지를 호출하였습니다.

까칠이가 철학자의 이데아를 닮아 가는 것 같구나.

할아버지가 철학자의 이데아 아닌가요?

 드디어 나의 가치를 알아보는 군.

오늘 하루 종일 이데아에 대해 생각해 봤어요. 그런데 알듯 하면서도 완전히 이해가 되지 않아요. 쉬운 사례를 들어 설명해 주세요.

 우리가 살고 있는 현실 세계를 거대한 동굴이라고 가정해 보자. 동굴의 입구에는 횃불이 타오르며 빛과 열을 내고 있고 동굴 안에는 태어날 때부터 지금까지 온몸이 묶인 채로 평생을 살아온 죄수들이 있어. 이 죄수들은 고개를 돌릴 수도 없으니 평생 동굴 안쪽의 벽면만을 바라보며 살아야 해.

뭔가 으스스한 분위기인데요?

 죄수들의 뒤쪽 동굴 입구에는 횃불이 타오르며 환하게 빛을 내고 있고 횃불과 죄수들 사이에는 낮은 담이 쳐져 있어. 마치 인형극을 할 때 휘장을 치고 휘장 위로 인형들을 보여 주는 것처럼 말야. 그리고 담 위로는 인형극을 하듯 이 세상에 존재하는 것들이 지나간다고 생각해 봐.

그런데 죄수들은 고개를 돌릴 수 없으니 그걸 볼 수 없겠네요.

 죄수들의 눈에는 무엇이 보일까?

죄수들은 동굴 안쪽만 볼 수 있으니까. 동굴 벽에 비치는 그림자만 보이겠죠.

 누군가 벽 위를 지나가면서 소리를 낸다면 죄수들은 그 소리의 주인이 누구라고 생각하겠니?

동굴 벽에 비친 그림자가 내는 소리라고 믿겠죠. 죄수들은 평생 동안 한 번도 동굴 바깥쪽을 본 일이 없으니까요.

 그렇지. 죄수들은 동굴 벽에 비친 그림자가 이 세상의 전부라고 생각할 거야.

마치 우물 안 개구리들이 우물 속을 세상 전체라고 여기는 것과 같네요.

 딩동댕. 그런데 만일 묶여 있던 죄수 중 한 사람이 풀려나 동굴 밖에 있는 횃불에 가까이 간다면 어떨까?

눈이 부셔서 고통스럽지 않을까요?

그렇겠지. 만일 강제로 죄수를 밖으로 끌어 내려고 한다면 죄수는 공포에 떨면서 다시 동굴 속으로 들어가려고 할 거야.

호기심과 용기가 있는 사람이라면 바깥세상을 구경하고 싶을 수도 있을 거예요.

그래 용기를 내어 밖으로 나온 사람은 처음엔 아무것도 볼 수 없겠지만 서서히 난생 처음 보는 새로운 세계를 느끼고 알아가게 될 거야. 거기에 누군가 동굴 밖의 세계를 친절하게 가르쳐 준다면 더 빨리 적응하겠지.

그동안 그림자를 진짜로 여기며 속아서 살아온 게 억울할 수도 있겠네요.

그렇지! 완전 새로운 세계를 경험하는 것이니까. 밤에는 달이 뜨고 낮이 되면 환한 해가 뜬다는 사실도 알게 되고 사계절이 있다는 것도 알게 될 거야. 그리고 동굴 속에서 허송세월을 보낸 걸 안타까워하겠지.

동굴 밖 세계에 완전히 적응한다면 다시는 동굴 속으로 들어가고 싶지는 않겠죠?

자신만 생각한다면 지긋지긋한 동굴 속을 상상하기도 싫을 거야. 하지만 동굴 속에 남아 있는 동료들과 가족들을 떠올릴 때마다 마음이 아파오지 않을까?

플라톤, 국가를 상상하다

여전히 그림자를 진짜로 믿고 있는 동료들에게 진실을 알려 주고 싶은 마음이 들 것 같아요.

 바깥세상을 경험한 사람이 동굴 안으로 돌아가 동료들에게 자신이 보고 들은 이야기를 한다면 동료들은 어떤 반응을 보일까?

글쎄요….

 아마 대부분의 사람들은 말도 안 되는 소리를 한다며 미친놈 취급을 할 거야.

하긴 그 사람 말을 믿는 사람이 거의 없겠죠.

 또한 환한 곳에 있다가 다시 어두운 곳으로 왔으니 어둠에 적응하기까지는 또 어려움을 겪을 테고, 여기 저기 부딪치거나 넘어지기 일쑤일거야. 그러니 동굴 속에만 있던 사람들이 보기에는 밖에 나갔다 오더니 바보가 되었다고 생각할 수도 있어.

그러다가 왕따를 당하겠는데요.

 혹시 바깥세상에 대해 궁금증을 가졌던 죄수들이 있다 해도 그 사람이 왕따를 당하는 걸 보면 바깥세상에 대한 관심을 접어 버릴 수도 있겠지.

제가 그 사람 입장이 된다면 돌아 버릴 것 같아요.

그럼 내 심정을 이해할 수 있겠구나.

무슨 말씀이세요?

나도 아테네 사람들에게 왕따를 당하고 결국 사형 선고를 받았잖니.

그렇군요. 돌아 버리지 않으신 게 다행이에요.

생각해 보니 열 받네.

할아버지 참으세요.

아무튼 동굴 이야기는 우리가 살아가는 세상에 대한 비유라고 할 수 있어. 동굴 속의 죄수는 보통 사람들이고 바깥세상으로 나온 사람은 철학자라고 생각하면 돼. 사람들 눈에 보이는 것이 실재가 아니라 그림자에 불과한 것처럼 우리가 사는 현실세계의 모든 것도 이데아의 그림자에 불과한 거야. 진짜 이데아는 동굴 밖에 있어 그중에서도 태양이 가장 확실한 진실을 보여 주고 있지.

태양이 가장 완벽한 진실인가요?

그래. 말하자면 이데아 중의 최고라고 생각하면 돼.

그럼 '좋음의 이데아'?

그렇지. 바로 좋음의 이데아야. 그런데 좋음의 이데아를 경험하는 것은 죄수가 사슬을 끊고 동굴을 탈출하는 것처럼 매우 어려운 일이야.

철학자만이 이데아를 볼 수 있다는 거네요.

맞아. 이데아를 인식할 수 있는 철학자가 통치자가 된다면 이상 국가를 완성할 수 있는 거야.

그런데 철학자가 되기도 어렵고, 된다고 해도 왕따를 당할 게 뻔한데 누가 나서겠어요?

그래서 답답한 노릇이야. 하지만 누군가는 진실을 알리려는 노력을 해야 하지 않겠니? 올바른 통치자가 있어야 모든 사람이 행복할 수 있으니까?

그래야겠죠.

까칠이 네가 해 보면 어떨까?

제가요? 어떻게 해야 하는데요?

이성과 지성의 힘을 길러야 해. 자신의 욕심을 채우려고 하기보다 사회 구성원 전체를 위해 희생하려는 의지도 가져야 하고.

철인 통치자가 된다는 것은 매우 힘든 일인 것 같아요.

동굴 속에 갇혀 가짜 세상만 보다가 일생을 보내는 것이 편한 삶이 될지도 모르지. 하지만 힘들더라도 사슬을 끊고 동굴 밖으로 나와 이데아의 세상을 경험할 수 있다면 더 가치 있는 삶이 아닐까?

그러기 위해서는 어떤 교육을 받아야 하죠?

우선 20세가 될 때까지 예비 교육과정을 무사히 마쳐야 한다.

어떤 교육인데요?

예비 교육과정에서는 체육과 시, 수학과 기하학을 이해해야 한다. 그리고 나서 30세까지 천문학과 화성학을 깨우쳐야 해.

헐~~. 기본과정이 그렇게 어려우면 그 다음엔 뭐가 있죠?

31세에서 35세까지는 본격적으로 철학과 변증술에 대해 집중적으로 공부하게 된다.

철학을 배우는 것은 이해하겠는데 나머지는 왜 배워야 하는 거
죠? 하필 제가 싫어하는 과목이거든요.

체육은 힘과 용기를 길러 주는 학문이므로 수호자나 통치자가
되기 위해서는 반드시 배워야 하는 과목이다. 내가 살던 아테네
에서 처음 올림픽이 생겼던 이유도 그 때문이지.

그럼 수학 등 나머지 과목은요?

시는 인간의 영혼을 맑게 하고, 수학, 기하학은 눈에 보이지 않
는 세계의 원리를 인식하는 도구이기 때문이다. 이데아는 감각
이 아닌 이성과 지성으로 인식해야 하는데, 수학과 기하학은 이
성을 훈련하는 데 매우 유용하거든. 그리고 천문학은 우주의 원
리를, 화성학은 소리의 조화를 알게 해 주지.

갈수록 태산이네요.

예비과정을 마치면 드디어 철학을 하기 위해 기초를 닦은
셈이다.

그럼 변증술은 뭔가요?

변증법이라고도 하는데 쉽게 말하면 논리적인 대화를 통해 사
람을 설득하는 방법을 말한다.

변호사들이 하는 일과 비슷하군요.

맞아. 그런데 변증술은 올바른 철학을 바탕을 갖춘 사람만이 사용해야 해. 만일 그렇지 않으면 나쁜 일에 사용할 수도 있기 때문이다. 아테네에도 변증술을 이용하여 돈과 권력을 차지하려는 사람들이 있었단다.

거짓 공약으로 국민을 현혹하는 정치인들 말이군요.

 그렇지. 옛날이나 지금이나 말만 번지르르하게 내세우는 사람들이 문제다.

35세까지 교육을 마치면 드디어 통치자가 되는 건가요?

 짜식, 성급하긴. 아직 멀었어.

35세면 완전 어른인데 더 배울 게 있다고요?

 50세까지는 실제 경험을 쌓는 기간이야. 전쟁을 지휘한다거나 관직을 맡아 일을 하면서 다양한 경험을 쌓게 돼. 그리고 유혹에 넘어가지 않고 오로지 국가를 위하는 마음을 가지고 있는지 시험을 받아야 해.

50세가 되면 통치자가 되나요?

플라톤, 국가를 상상하다

모든 교육을 마치고 최종 테스트를 통과한 극소수의 사람이 통치자가 된단다. 테스트에 통과된 사람은 '좋음의 이데아'를 보고 그것을 본보기삼아 국가를 운영하게 되는 거야.

일도 안 하고 평생 교육만 받으려면 돈도 많이 들 텐데, 가난한 사람에게는 기회가 주어지지 않을 것 아니에요?

통치자를 교육하고 선발하는 것은 전부 국가에서 무상으로 책임을 진단다. 그러니 모든 시민에게 똑같이 평등한 기회가 주어지는 것이지.

그렇군요. 통치자로 뽑힌 사람들 중에서 누가 가장 높은가요?

통치자들은 순서에 따라 나라를 다스리기 때문에 누가 더 높다고는 할 수 없어. 이들은 국가를 통치하는 일 말고도 통치자를 교육하고 선발하는 일도 담당한단다. 다음 세대의 통치자를 양성하기 위해서 꼭 필요한 일이지.

더 나이가 들어 은퇴를 하면 어떻게 되나요? 통치자는 모든 것을 공유하니까 재산도 없고 가족도 없을 텐데 누가 책임을 지죠?

임무를 마친 통치자들을 위해 국가에서는 '축복받은 자들의 섬'을 마련해 둔단다. 통치자들은 그곳에서 편히 여생을 보낼 수 있어. 그리고 기념물을 만들어 이들의 업적을 후대에 알릴 수 있게 하지.

힘들게 고생한 만큼 명예가 주어지는 군요.

이들은 국가와 시민들을 위해 평생 노력한 사람들이니 그 정도 의 예우는 당연한 것 아니겠니? 이러한 명예는 여성에게도 동등 하게 주어진단다.

차별없이 모든 사람에게 기회가 주어지는 그런 국가가 있다 면 정말 살기 좋은 곳이 될 것 같아요.

어떠냐 까칠이 네가 최종 테스트까지 통과하여 철학자가 되 고 통치자가 될 수 있겠니?

글쎄요…. 저는 아무래도 수학을 못하기 때문에 중도에 탈락할 것 같은….

탈락한다고 부끄러운 것은 아니란다. 모두가 통치자가 될 필요 는 없으니까. 하지만 최선을 다해 노력은 해 봐야겠지.

네. 한번 도전해 볼게요.

소크라테스 할아버지와 대화를 마치고 까칠이는 자기 자신에 대해 생각해 보았습니다. 그동안 감각적인 것에만 흥미를 가졌던 자신의 모습이 부끄러웠습니다. 당장 눈앞에 보이는 화려한 것에만 관심 가 졌을 뿐 세상의 본질에 대해서는 생각하지 않았습니다. 나 자신의 이

플라톤, 국가를 상상하다

익만 생각하다 보니 다른 사람이나 사회 전체를 위해 희생하는 사람들을 이해하지 못했습니다. 소크라테스 할아버지의 말처럼 동굴에서 빠져 나올 생각조차 하지 않고 살아온 죄수처럼 생활했던 것입니다.

그날 밤 까칠이는 잠을 이루지 못하고 새벽까지 뒤척여야 했습니다.

좋음의 이데아와 동굴의 비유

철학자가 국가의 통치자가 된다면 진정한 이상국가를 이룰 수 있다. 하지만 현실에서 철학자가 통치자가 되는 것은 매우 어려운 일이다. 그러므로 진정으로 올바름이 실현되는 이상국가를 만들려면 올바른 통치자를 양성할 수 있는 제도와 법률을 만들어야 한다. 소크라테스는 여러 가지 비유를 통해 현실의 세계와 이데아의 세계를 설명한다. 그 중에서 '동굴의 비유'는 가장 유명하다.

동굴 속에 갇혀 있는 죄수들은 동굴 벽에 비친 그림자를 진짜로 믿고 살아가지만 그것은 그림자에 불과하며 진짜는 동굴 밖에 있다는 것이다. 죄수들 중 사슬을 끊고 동굴 밖을 경험한 사람은 진리의 세계에 눈을 뜨게 되고 그 사실을 동굴 속 사람들에게 알려 주려고 하지만 그의 말을 믿는 사람은 거의 없다. 동굴 속 사람들은 이 세상을 살아가는 편협한 사람들을 비유하며 진실을 깨달은 사람은 바로 철학자를 비유한다. 철학자는 동굴 밖의 세계, 즉 이데아의 세계에 진리가 있다는 것을 알지만 사람들은 그를 배척한다.

현실에 존재하는 모든 것은 이데아를 본따서 만든 그림자와 같다 이데아 중에서도 가장 최상위의 이데아는 '좋음의 이데아'라고 할 수 있는데, 좋음의 이데아를 인식할 수 있는 사람은 지혜를 사랑하는 사람, 즉 철학자이다. 좋음의 이데아를 인식할 수 있는 철학자가 통치하는 국가가 모든 사람이 행복한 삶을 살아가는 이상국가인 것이다.

올바른 통치자를 육성하기 위해서는 어릴 때부터 철저한 교육이 이루어져야 한다. 소크라테스는 각 연령별로 교육해야 할 과정을 제시한다.

Chapter 7

타락한 국가와
개인의 혼

7장에서 소크라테스는 글라우콘과 아데이만토스와 대화를 통해 타락한 국가들의 형태를 설명합니다. 타락한 국가의 사례로는 명예정체, 과두정체, 민주정체, 참주정체 4가지를 들 수 있습니다. 소크라테스는 인간의 혼도 4가지의 특성을 강하게 나타내는 사람들이 있다고 말합니다. 국가가 타락하지 않고 올바르게 되기 위해서는 철인정치가 실현되는 이상국가로 나아가야 하듯이 인간의 혼도 타락을 극복하고 이상국가와 같은 모습을 가질 때 올바른 인간이 될 수 있다는 것입니다.

2학기가 시작되면서 까칠이네 학교에는 새로운 바람이 불었습니다. 교장 선생님께서 자신의 실수를 인정하고 사과한 후 스스로 물러나시겠다고 선언을 한 것입니다. 그리고 선생님들 중에서 가장 훌륭한 분을 새 교장 선생님으로 모시기로 하였습니다. 어떤 분이 교장 선생님이 될지 선생님들과 학생들의 관심이 집중되었습니다.

쉬는 시간마다 삼삼오오 모여 어떤 분이 새 교장 선생님으로 적합한지에 대해 열띤 토론이 벌어지곤 했습니다. 평소 숙제를 많이 내주시는 선생님이나 학생들을 엄하게 대하시는 선생님보다는 우스운 농담을 잘하고 사소한 잘못은 눈감아 주시는 선생님을 원하는 학생들이 많았습니다. 어떤 친구는 젊고 잘생긴 선생님을 교장 선생님 후보로 꼽기도 하고, 또 다른 친구는 자기가 좋아하는 과목 선생님이 최고라

며 목소리를 높이기도 하였습니다. 토론이 거듭될수록 가지각색의 의견이 등장하였고 심지어는 교장 선생님이 필요 없다는 주장까지 나왔습니다.

까칠이는 친구들의 말을 들으면 들을수록 머리가 복잡해지는 것 같았습니다. 정말 학교를 올바르게 이끌어나갈 분이 누구일까에 대한 토론은 사라지고 서로 편을 갈라 자기들 주장만 하는 지경이 되었기 때문입니다.

까칠이는 집에 돌아와 〈아카데미아〉 앱을 열었습니다. 마치 기다리고 있었다는 표정으로 소크라테스 할아버지가 화면에 나타났습니다.

까칠아, 넌 아직 누가 새 교장 선생님이 되면 좋을지 결정하지 못한 모양이구나?

아무리 생각해도 잘 모르겠어요. 친구들 이야기를 듣고 더 골치가 아파요.

 학교를 국가라고 생각하고 이상국가와 같은 올바른 학교를 만드는 데 가장 적합한 분이 누구인지 결정하면 되잖니.

그게 쉽지 않아요. 온화한 성품을 가진 분이 되면 좋겠다는 생각을 하다가도 우리들의 장래를 위해서는 조금 엄하고 무서운 선생님이 적합하다는 생각도 들고….

 국가의 형태에도 크게 다섯 가지가 있어. 가장 좋은 것은 물론 이상국가이지. 하지만 현실에는 나머지 네 가지 형태의 국가들이 존재한단다. 각각 문제점이 있지. 학교도 마찬가지가 아닐까?

학교도 국가의 형태와 비슷하니까, 국가의 네 가지 형태의 특징을 알면 도움이 되겠네요. 설명해 주세요.

 국가체제의 형태는 크게 명예체제, 과두체제, 민주체제, 참주체제가 있단다. 그리고 가장 완벽하다고 할 수 있는 최선자체제, 즉 이상국가가 있어.

이름부터 어렵네요.

아마 처음 들어 보는 말일 거야. 하지만 설명을 듣고 나면 어렵게 느껴지지 않을 거다.

말씀해 주세요.

우선 완벽한 이상국가를 건설했다고 가정해 보고 이 국가가 어떻게 타락한 국가로 변해가는지 살펴보자.

이상국가는 올바름이 실현되는 국가이니까, 일단 건설하고 나면 영원한 것 아닌가요? 왜 이상국가가 타락을 하죠?

정말 완벽한 이상국가라면 그렇겠지. 하지만 인간이 하는 일이 백퍼센트 완벽할 수 있겠니?

그야 영원히 완벽할 수는 없겠죠

이상국가에는 장차 통치자로 성장할 아이들이 교육을 받고 있을 거야. 그 아이들은 부모로부터 훌륭한 유전자를 받아 태어났을 테고, 철저한 교육을 받으며 절제와 용기 그리고 지혜를 갖추어 나가며 점차 통치자가 될 능력을 키우겠지.

그렇겠죠. 그들은 금과 은으로 만들어진 사람들이니까요

그런데 그들 중에 일부가 순순한 금과 은이 아니라 구리나 쇠의 성분이 섞여 있는 사람이 있을 수 있겠지?

그럴 가능성도 있겠죠.

순수한 금과 은의 성분을 가진 사람들은 국가를 올바른 길로 인도하기 위해 자신을 희생하겠지만 구리와 쇠 성분을 가진 사람들은 권력이나 재물을 차지하려는 욕심을 드러낼 거야.

통치자 계급 사이에서 분열과 갈등이 생기는 것이군요.

맞아. 두 세력은 서로 국가의 권력을 차지하기 위해 격렬한 싸움을 벌이게 되고 나중에 화해를 하더라도 싸움을 대비하여 전쟁 준비를 해야 할 거야.

그렇겠죠.

그러면 통치자와 수호자들은 각자 땅과 집을 소유하고 시민들을 노예로 삼아 전쟁 준비를 시키겠지.

이상국가와는 거리가 멀어지는 거네요.

겉으로 보기에는 통치자를 존중하고 같은 편 수호자들끼리 공동생활을 유지하고 있으니 이상국가처럼 보일 수 있어. 하지만 통치자들이 권력과 재산을 탐내는 이러한 국가에서는 진정으로 지혜를 가진 철학자들이 관직에 나가는 것을 꺼리게 될 거야.

그럼 겉보기에는 이상국가처럼 보여도 실제로는 독재국가가 되는 건가요?

플라톤, 국가를 상상하다

아직까지 독재국가라고는 할 수 없지만 철인이 통치하는 이상국가와 과두체제의 중간 단계라고 할 수 있단다.

말하자면 무늬만 이상국가라고 할 수 있겠군요.

그렇지. 그래서 이런 국가의 형태를 '명예체제'라고 한단다.

'명예'라면 좋은 것 아닌가요?

물론 명예는 좋은 것이지. 그런데 명예는 스스로 원해서 얻어지는 것이 아니라 올바른 행동을 실천할 때 다른 사람들에 의해 자연스럽게 주어지는 것이어야 한다. 그런데 명예체제의 통치자는 스스로 자신의 명예를 드높이기 위해 권력과 재산을 이용하기 때문에 진정한 명예라고는 할 수 없단다.

이번에 물러나신 교장 선생님도 말하자면 스스로 명예를 얻고자 했던 셈이네요.

좋은 지적이다. 국가에 명예체제가 있는 것처럼 개인도 명예체제의 특성을 가진 사람들이 있단다.

어떤 사람들이 그렇게 되나요?

가령 훌륭한 부모에게서 좋은 유전자를 물려받고 태어난 아이가 있다고 하자. 부모님은 아이를 통치자로서 키우기 위해 이성적인 능력을 키워 주려 했지만 나쁜 친구들과 어울리는 바람에 격정적인 성품이 커지고 결국 격정이 이성을 이겼다면 어찌 되겠니?

올바른 통치자로서는 자격이 없는 사람이 되겠죠.

이성적으로 판단하고 지혜를 추구하기보다는 화내고 싸우려드는 사람이 되겠지.

그렇죠

국가로 친다면 그런 사람이 바로 명예체제에 해당한단다. 다시 말해 명예체제적 인간이 되는 것이지.

격정적인 성품을 조금만 누그러뜨렸더라면 이상국가의 통치자가 될 수 있을 텐데, 안타깝네요.

명예체제를 보고 안타까워하기엔 아직 이르다.

그럼 뭐가 또 있나요?

명예체제가 더 나빠지면 '과두체제'로 변하게 된단다.

더 나빠지다니요.

바로 재산과 돈 때문이지. 명예 정체적인 사람은 자신의 명예를
과시하기 위해 더 많은 돈과 재산이 필요하고 서로 더 많은 돈
을 벌기 위해 경쟁하게 된단다. 관직에 나갈 사람을 정할 때도
그 사람의 인품이나 능력보다는 재산을 기준으로 삼게 되지. 그
러므로 가난한 사람은 관직에 나갈 기회를 얻지 못하게 되는 데
그런 상태를 '과두체제'라고 부른단다.

돈으로 사람을 평가하는 세상이라는 점에서 오늘날과 비슷
하네요.

그렇지. 과두체제에서 시민들은 아무런 힘도 없고 소수의
부자들 몇몇이 국가 전체를 좌지우지한단다.

그럼 시민들이 억울하고 화가 나서 가만히 있지 않을 텐데요.

마땅히 그렇겠지. 빈부의 격차는 더욱 커지고 시민들은 더욱 먹
고 살기가 힘든 세상이 될 테니까. 더 이상 견딜 수 없는 상황이
되면 시민들이 혁명을 일으키게 될 것이야.

그럼 드디어 욕심 많은 부자들을 쫓아내고 시민들이 권력을 차
지하겠네요.

가난한 시민들이 싸움에서 이겨 혁명에 성공한다면 그렇게 되겠지. 그래서 과두체제는 막을 내리고 민주체제가 들어서게 된단다.

와우! 민주체제가 되면 모든 사람이 평등하고 행복한 세상이 되는 거네요.

 과연 그럴까?

무슨 말씀이세요? 민주주의 국가가 되면 당연히 모두가 살기 좋은 세상이 되는 거 아녜요?

 과두체제를 끝내고 부자 권력자들을 쫓아내고 나면 그동안 억눌렸던 시민들이 자유를 누리겠지.

그렇죠. 드디어 자유를 얻게 되었으니 얼마나 좋아요.

 관직도 추첨으로 배정받고 직업도 자기 마음대로 선택할 수 있게 될 거다. 모두들 다른 사람 일에는 간섭하지도 않고 각자 자기가 내키는 대로 삶을 살아가게 될 거야.

....

플라톤, 국가를 상상하다

모두가 평등한 세상이 되었으니 통치자도 시민들을 올바른 길로 인도하려고 하기보다는 사람들의 환심을 사려고 듣기 좋은 얘기만 하겠지. 그러니 진정한 이성과 지혜를 갖춘 사람이 통치자가 되지 못하고 아첨하고 입에 발린 소리만 하는 사람이 통치자가 되어 나라를 온통 혼란스럽게 만들고 말 거야.

그러고 보니 지금의 우리나라 모습과 비슷하네요.

민주주의는 모든 사람들이 진정으로 올바른 것이 무엇인지를 알고 실천할 수 있을 때 좋은 방향으로 나아갈 수 있어. 하지만 시민들이 당장 눈앞의 이익에만 관심을 가지고 있다면 진정한 통치자를 알아보지 못하고 말로만 떠들어 대는 사기꾼을 자신들의 통치자로 뽑게 될 게 분명하지.

할아버지 말씀을 듣고 보니 민주주의가 좋은 것만은 아니군요.

민주체제는 자칫 혼란과 이기심만 가득한 세상이 될 수도 있단다.

하긴 우리 학교에서도 그런 일이 있었어요.

새 교장 선생님을 뽑는 것 말이니?

맞아요. 어떤 분이 새 교장 선생님이 되어야 하는지를 두고도 아이들은 자기의 이익을 먼저 생각하는 것 같아요.

바로 그게 민주체제의 가장 큰 문제점이란다.

혼란스러운 민주체제가 계속되면 어떤 일이 벌어질까요?

 그런 상태가 되면 진짜 엄청난 일이 벌어지게 된단다.

엄청난 일이요?

 과두체제에서 쫓겨났던 사람들이 나타나 시민들을 현혹하기 시작할 거야.

그 사람들은 욕심쟁이잖아요.

 그들은 시민들의 자유를 이용하여 권력을 차지하려고 들 거야.

자유를 이용하다뇨?

 처음에는 사람들의 환심을 사려고 시민들을 위하는 말을 떠들어 댄 다음 시민들을 자기편으로 만들면 자신이 통치자의 자리에 오르게 되겠지. 그 다음에는 탐욕의 본색을 드러내기 시작하는 거야.

본색이요?

수벌들이 꿀을 미끼로 환심을 산 후 일벌들의 꿀을 모두 차지하는 것과 같아. 일단 권력을 손에 쥐게 되면 전쟁을 일으키고 권력을 유지하기 위해 호위병을 늘리게 되지.

시민들은 살기 힘들어지겠네요.

 당연하지. 전쟁 준비와 호위병을 유지하는 데는 엄청난 돈이 들어가는데 그 돈은 모두 시민들이 낸 세금이거든.

그럼 시민들이 나서서 통치자를 바꾸면 되잖아요?

 이미 때가 늦었단다. 권력을 잡은 후에 그는 폭군으로 돌변하여 시민들 위에 군림하게 될 테니까.

다시 혁명을 일으킬 수는 없나요?

 시민들은 뒤늦게 폭군에게 속은 사실을 알고 후회하겠지. 일부는 폭군에게 강력한 항의를 할 거야. 하지만 자신들의 재산과 권리를 모두 빼앗긴 후이기 때문에 혁명을 일으킬 힘조차 없이 노예로 살아가게 된단다.

헐~.

 이게 바로 '참주체제'의 모습이란다.

참주체제? 그럼 독재정권을 말하는 것인가요?

그래 참주체제는 바로 독재자가 모든 권력을 가지게 되는 국가를 말하는 거야.

민주주의가 이렇게 쉽게 무너지고 참주체제가 될 수 있다니 놀라운 일이네요.

까칠이는 혼란스러워졌습니다. 학교에서는 민주주의가 인류가 만들어낸 제도 중 가장 완벽한 것이라고 배웠는데 소크라테스 할아버지의 말씀은 달랐습니다. 민주주의는 탐욕스러운 독재자에 의해 언제든지 무너질 수 있는 불안한 제도인 것입니다.

까칠이는 잠시 〈아카데미아〉 앱을 멈추고 생각에 잠겼습니다. 자기도 모르게 한 숨을 새어나오는 것이 느껴졌습니다.

까칠아. 왜 한 숨을 쉬고 있니?

그동안 제가 알고 있었던 것이 한순간에 무너져 버리는 것 같아서 그래요.

허허! 그건 걱정할 일이 아니다. 지적 수준이 한 단계 뛰어오르는 과정에서 나타나는 현상이란다.

지적 수준이 높아지기는커녕 혼란스럽기만 한데요.

 그동안 전혀 의심을 하지 않고 철석같이 믿고 있던 사실이 깨지고 있기 때문이지.

정말 그럴까요? 민주주의가 마치 모래성처럼 쉽게 허물어질 수 있다는 게 믿어지지 않아요.

 민주주의라는 것이 얼마나 쉽게 무너질 수 있는지 역사를 보면 알 수 있단다. 역사적으로 유명한 독재자들도 처음엔 사람들의 환심을 산 후 권력을 차지한 후에는 곧바로 폭군으로 돌변한 경우가 많았지.

히틀러 같은 사람이 그런 사례가 되겠네요.

 그렇단다. 히틀러는 당시 경제적으로 고통스러워하던 시민들을 온갖 달콤한 말로 현혹하여 권력을 차지했어. 그리고 곧바로 독재자가 되었지.

시민들이 히틀러의 속임수에 넘어간 것이군요.

내가 알기로 한국에도 히틀러와 비슷한 독재자가 있었던 것으로 아는데.

쿠데타를 일으켜 권력을 잡은 사람들 말인가요?

 맞아. 독재자들은 권력을 잡은 후에는 반대자들을 하나둘 제거해 나가는데, 그중에는 올바름을 주장하는 철학자도 포함된단다.

독재자들이 철학자를 싫어하는 이유는 뭐죠?

 독재자들이 가장 두려워하는 사람이 바로 철학자거든?

왜요? 철학자들은 싸움을 잘하는 사람도 아닌데.

 무력보다 더 무서운 것이 바로 올바른 진실의 힘이란다. 진정한 철학자는 총칼 앞에서도 물러서지 않고 당당히 진실을 말하기 때문이야.

독재자들은 엄청난 힘과 권력을 가진 사람들인데 과연 철학자의 몇 마디 말을 두려워할까요?

 독재자들은 시민들의 눈과 귀를 가리고 거짓을 진실이라고 속여서 권력을 차지한 사람이잖니.

그렇죠.

 만일 시민들이 철학자의 말이 진실이라는 것을 알게 된다면 어떨까?

　　더 이상 독재자가 마음대로 권력을 휘두를 수 없겠죠.

 그러니 독재자는 진실을 말하는 철학자를 싫어할 수밖에 없지 않을까?

　　그러네요. 그건 그렇고, 새 교장 선생님이 어떤 분이 될지 걱정이에요.

 이상국가의 통치자처럼 철학자의 자질을 갖춘 분이 되면 좋겠구나.

　　하지만 학교 분위기를 보면 그렇게 되기는 쉽지 않을 것 같아요. 대부분의 학생들이 자기들에게 잘해 주는 선생님만 좋아하고 있으니까요.

 마치 민주체제에서 시민들이 각자 이기적으로 생각하는 것과 비슷하네.

　　그러게요. 이러다가 소크라테스 할아버지 말대로 참주체제와 같은 독재자가 교장 선생님으로 취임하지 않을까 걱정이에요.

으음. 좀 더 지켜보자꾸나.

다음날 학교에서는 중요한 발표가 있었습니다. 드디어 새 교장 선생님이 결정된 것입니다. 선생님들이 모여 긴 시간동안 마라톤 회의를 한 끝에 평소 존경받던 국어 선생님께 새 교장 선생님 자리를 제안하기로 하였답니다. 국어 선생님은 평생 동안 평교사로 재직하시면서 묵묵히 학생들을 가르쳐 오신 분으로 검소하고 소탈한 성품을 가지신 분입니다.

까칠이는 소식을 듣고 안도의 한숨을 쉬었습니다. 비록 학생들에게 큰 인기는 없는 분이지만 국어 선생님이라면 철학자라고 말해도 좋을 만큼의 성품을 가진 분이라고 생각하고 있었기 때문입니다.

물론 학생들에게도 교장 선생님을 뽑을 수 있는 권리를 주어야 한다고 불만을 표현한 친구도 있었습니다. 만일 학생들에게 선생님과 똑같은 투표권을 주었다면 더 젊고 재미있는 얘기를 잘 들려 주는 인기짱 선생님이 교장 선생님으로 뽑혔을 것입니다.

그날 저녁 까칠이는 소크라테스 할아버지와 새 교장 선생님에 대해 이야기를 나누었습니다.

새 교장 선생님은 정말 철학자 같은 분이세요.

좋은 분이 교장 선생님이 되어서 다행이구나.

그런데 어떤 아이들은 학생들에게도 투표권을 주었어야 한다며
불만을 터뜨리기도 했어요.

네 생각은 어떠냐?

민주주의 원칙대로 한다면 그 친구의 말이 옳지만 학생들은
아직 진정한 통치자를 구별해 낼 수 있는 눈이 부족하다고
생각해요.

국가에 비유한다면 학생들은 시민계급에 속한 사람이라고
할 수 있겠네.

그렇죠. 선생님들은 수호자라고 할 수 있으니까 이번 교장
선생님은 수호자들이 회의를 통해 선출한 셈이죠.

혹시 그 분이 참주가 될 가능성은 없을까?

에이! 설마…. 어떤 사람이 참주가 되나요?

민주체제에서 자유를 마음껏 누리다 보면 다른 사람의 행복은 생각하지 않고 오로지 자신의 행복만을 추구하는 사람이 생기게 될 거야. 그런 사람이 권력을 잡으면 참주가 되는 것이지. 결국 참주는 민주주의에 의해 만들어지는 셈이다.

그럼 참주체제가 되면 권력을 잡은 참주만 행복하고 모두가 불행해지는 거네요.

 모두가 불행해지는 것은 맞다. 하지만 참주 자신도 결코 행복하지는 못한단다. 아니 참주체제에서 가장 불행한 사람은 바로 참주 자신이 될 거야.

그럴 리가요. 참주는 권력을 마음대로 부릴 수 있는데 왜 불행하죠?

 수많은 노예를 거느린 부자를 참주에 비유해 보자. 그 부자는 세상에 두려울 것이 없겠지?

당연하죠. 노예들이 부자를 두려워하지 부자가 노예를 두려워할 리가 없잖아요.

 그런데 만일, 세상을 창조한 신이 그 부자와 노예들만 따로 떼어 아무도 살지 않는 무인도에 내려 놓는다면 어떻게 될까?

무인도라면 상황이 달라지겠는데요.

부자는 노예들이 자신을 해치지 않을까 두려움에 떨게 될 거야. 오히려 부자가 노예들에게 아부해야 하는 상황이 될 수도 있지 않겠니.

그렇죠. 잘못하면 노예들이 들고 일어나서 부자를 죽일 수도 있으니까요.

그런 일이 벌어지지 않더라도 부자는 평생 동안 공포에 떨면서 살게 되겠지?

그렇겠네요.

그렇다면 참주체제에서 가장 불행한 사람은 노예가 아니라 바로 독재자인 참주 자신이라는 사실을 인정하겠지?

그렇군요. 그래서 독재자일수록 부하들을 믿지 못하고 호위병이 없이는 밖에도 못나가는 생활을 하게 되나 봐요.

바로 그거다. 이상국가에서는 모든 사람이 행복한 반면 참주체제에서는 모든 사람이 불행하며 특히 참주 자신이 가장 불행할 수밖에 없지.

그럼 행복 순으로 국가체제 순위를 매겨 보면 이상국가가 1위이고, 참주체제가 꼴지를 차지하겠군요.

딩동댕. 인간 개인의 경우도 마찬가지란다.

국가뿐 아니라 개인도요?

 당연하지, 개인도 이상국가형 인간이 가장 행복하고, 다음으로 명예체제적 인간, 과두체제적 인간, 민주체제적 인간 그리고 가장 불행한 인간은 참주체제적 인간이란다

다섯 가지의 인간을 무엇을 기준으로 구분하죠?

 인간의 특성은 세 가지 가 있다고 했는데 기억나니?

이성과 욕구 그리고… 걱정?

 걱정이 아니라 격정!

맞아요, 격정이요.

 이성은 배움을 좋아하고 지혜를 사랑해, 격정은 이기는 것을 좋아하고 명예를 추구해. 그리고 욕구는 온갖 재물과 권력 등을 좋아하지.

아하! 이성 격정 욕구 세 가지 중에서 어느 것이 강한가에 따라 나뉘는군요.

바로 그거야. 이성적 특성이 아주 강한 사람은 격정과 욕구를 버리고 지혜를 사랑할 수 있으니 이상국가형 인간이라고 할 수 있고, 가장 행복한 사람이기도 하다. 그러나 격정이 강해 자신의 명예만을 앞세우면 명예체제적 인간이 되고, 거기에 욕구까지 강해지면 과두체제적 인간 그리고 민주체제적 인간이 되면 욕구가 더 강해진단다. 마지막으로 참주체제적 인간은 어리석은 욕심으로 가득 찬 나머지 가장 불행해지는 거야.

좀 간단하고 쉽게 이해할 수 있는 방법은 없나요?

세 가지 특성을 형상으로 생각해 보자. 욕구는 머리가 여러 개 달린 짐승, 격정은 무서운 사자, 그리고 이성은 사람의 모습이라고 한다면 쉽겠구나.

네, 훨씬 상상이 잘 되요.

세 가지 형상은 서로 경쟁하고 싸우게 되는데, 사람이 사자와 짐승을 잘 길들인다면 바로 이상국가형 인간이 될 수 있는 것이지만 그렇지 못하면 무절제하고 부끄러운 짓을 마음대로 저지르는 인간으로 변해갈 수밖에 없단다.

괴물처럼 변하겠군요.

이성이 제대로 힘을 발휘하지 못하면 정도의 차이는 있어도 모두 괴물의 형상으로 나타나겠지.

마치 이상국가의 통치자가 철학자여야 하는 것처럼 인간 개인을
이끄는 것은 이성이어야 한다는 말씀이군요.

딩동댕.

그런데 완전한 이상국가와 완벽하게 이성을 발휘하는 사람이 있
긴 있는 건가요?

그건 저기 하늘나라, 즉 이데아의 세계에 있단다. 현실을 살
아가는 사람은 이데아에 있는 국가와 인간의 완벽한 형상을
닮기 위해 노력해야 하는 거야.

갈 길은 아직도 멀기만 하군요.

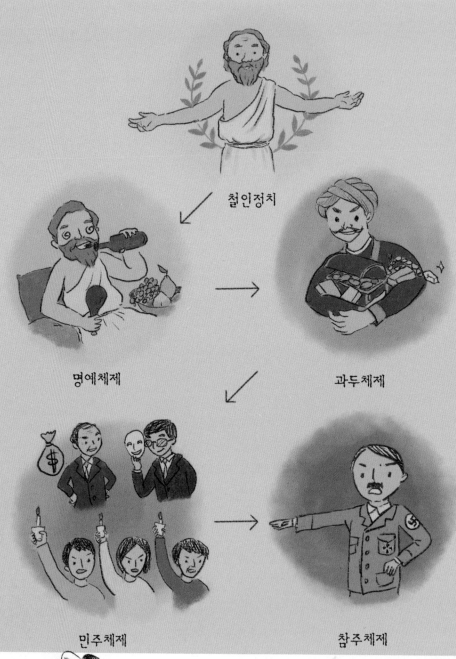

철인정치

명예체제

과두체제

민주체제

참주체제

타락한 국가와 개인의 혼

앞서 가장 올바른 국가는 철학자가 통치하는 이상국가라는 것을 논증하였다. 그러나 이상국가가 실현된다 해도 시간이 흐르면서 타락하기 쉽고 결국 잘못된 국가로 변질되는 경우가 많다.

소크라테스는 국가가 타락해 가는 과정을 다음과 같이 설명한다. 이상국가의 통치자가 지혜를 사랑하는 일보다 자신의 명예를 더 중시하게 되면 국가는 명예체제가 된다. 명예체제에서는 평화보다 전쟁을 좋아하고 이성보다는 격정이 득세하게 된다. 명예체제가 더 타락하면 과두체제가 되는데, 과두체제에서는 지도자들이 명예마저 내팽개치고 온갖 재물을 탐내는 사회가 된다. 과두체제가 계속되면 시민들이 들고 일어나 권력을 빼앗고 민주체제를 만들게 된다. 민주체제는 모든 사람이 평등한 사회로, 겉으로는 좋게 보이지만 모든 사람들이 욕구를 절제하지 못하고 방탕한 생활에 젖어 국가 전체가 혼란에 빠지게 된다. 이때 과두체제에서 쫓겨났던 사람들이 나타나 자신의 권력욕을 드러내게 된다. 이들은 어리석은 시민들을 달콤한 말로 현혹하여 권력을 차지한 후 스스로 독재자가 되는 참주체제를 만들고 권력을 독점한다. 이것이 참주국가이다. 참주체제는 가장 불행한 국가 형태이다. 참주국가에 사는 모든 사람은 물론 참주 자신도 불행한 삶을 살아야 하기 때문이다.

개인의 경우도 위의 다섯 가지 형태로 구분할 수 있다. 이성이 격정과 욕구를 이겨내면 이상국가형 인간이 되지만 그렇지 못하면 타락한 인간이 되는 것이다. 그 중에서 민주적 인간은 욕구를 절제하지 못하고 참주형 인간은 자신의 탐욕을 위해 타인을 짓밟는 오만한 인간이 된다.

Chapter 8

이데아를
향하여

드디어 플라톤 쌤이 쓴 책『국가』의 마지막 부분에 이르렀습니다.
『국가』마지막 부분에서 플라톤 쌤은 스승님 소크라테스의 말씀
을 통해 세 가지를 강조합니다. 첫 번째는 시인 및 예술가를 추방
해야 한다고 말합니다. 두 번째로는 영혼은 영원히 사라지지 않
는다는 주장을 하고 마지막으로 올바른 삶에 대해 죽은 후에 보
상이 주어진다는 이야기로 끝을 맺습니다.

소크라테스 할아버지의 마무리 설명을 들어 볼까요?

어느새 겨울방학이 하루 앞으로 다가왔습니다. 까칠이네 학교는 그
동안 좋은 일이 많았습니다. 새 교장 선생님이 취임하고 학교 분위기
가 너무 좋아졌기 때문입니다. 교칙도 학생들을 위해 바뀌었고 자율
학습 시간도 강요가 아니라 진짜 자율적으로 공부하는 시간이 되었습
니다. 선생님들과 학생들은 물론 학부모님들도 모두 좋아하는 학교가
된 것입니다. 학교가 마치 철학자가 통치하는 이상국가처럼 변신한
것입니다.

　까칠이는 중학생이 되어 보낸 지난 시간을 되돌아보며 보람을 느꼈
습니다. 방학식을 마치고 집으로 돌아온 까칠이는 겨울방학을 어떻게
보낼지 계획을 세웠습니다. 운동과 공부를 골고루 할 수 있게 시간표
를 만들었습니다. 공부 계획 중에는 당연히 철학도 포함시켰죠.

계획표를 완성하고 벽에 붙이려는데 〈아카데미아〉 앱이 열리며 빵빠레 소리가 들렸습니다.

 까칠아 축하한다.

축하라뇨?

 드디어 네가 〈아카데미아〉를 졸업하게 되었단다.

벌써요?

 오늘이 『국가』 마지막 수업이란다.

마지막이라니 아쉽네요. 아직 배워야 할 게 많이 남은 것 같은데.

 배움이란 끝이 없지. 졸업을 하더라도 계속 배워야 할 테니까.

그동안 쌤 덕분에 올바름에 대해 많은 생각을 할 수 있었어요. 감사드려요.

 그야 소크라테스 스승님께 감사해야 하지.

할아버지께도 감사하다고 말해야겠어요.

 그렇지 않아도 기다리고 계시다.

잠시 후 소크라테스 할아버지의 웃는 모습이 나타났습니다.

할아버지 그동안 잘 가르쳐주셔서 감사합니다.

 감사하기엔 아직 이르다.

아직 남은 게 있나요?

 하이라이트는 마지막에 보여 주는 법이다.

졸업식날 수업하는 법이 어디 있어요?

 인생이라는 학교에 졸업이란 없다.

ㅜㅜ

통치자가 되기 위해서는 다양한 교육을 받아야한다는 거 알고 있지?

네.

 교육받는 과목 중에 음악, 미술, 시와 연극 등 예술과 관련된 과목이 있다는 것도 알겠구나.

당연하죠. 제가 싫어하는 과목도 있으니까요.

 예술이란 무엇이라고 생각하니?

글쎄요. 저는 예술을 별로 좋아하지 않아서….

 그럼 네가 좋아하는 가수의 음악이나 영화, 드라마 같은 것은 어떠니?

그런 건 좋아해요. 특히 영화는 제가 가장 좋아하는 예술 분야죠.

 옛날에는 없었던 분야지만 영화도 예술의 일종이니까. 아무튼 영화를 보면 네 기분이 어떠니?

저는 액션 영화를 좋아하는데, 영화를 보고 있으면 모든 고민이 사라지고 내가 주인공이 된 것처럼 신나고 행복하죠.

그럼 예술은 사람의 마음을 즐겁게 만들고 고민도 잊게 해 주는 역할을 한다고 보면 되겠구나.

그렇죠. 음악을 좋아하는 사람은 음악 감상을 할 때, 미술을 좋아하는 사람은 좋은 그림을 감상할 때 신나는 기분을 느낄 테니까요.

 그런데 영화를 보고 있으면 공부하고 싶은 마음이 사라지지 않니?

아무래도 공부만 생각하면 골치가 아파지니까 영화를 볼 때는 공부나 시험 같은 생각은 안 하게 되더라고요.

 그러고 보면 예술은 일종의 마약처럼 사람들을 흥분시키고 진리 탐구의 의욕을 떨어뜨리는 부작용이 있다고 할 수 있겠지?

마약이라고까지 하긴 좀 그렇지만, 공부를 방해하고 기분을 업시키는 것은 분명하다고 생각해요.

 그래서 나는 예술을 좋지 않게 생각한다. 이상국가를 건설하기 위해서는 시인, 화가 등 예술가들을 쫓아내야 한다고 생각해.

쫓아낸다니 그건 너무한 거 아니에요?

 플라톤, 국가를 상상하다

너무 야박하다고 생각하지는 말아라. 모두 이상국가를 이루기 위해서 그런 것이니까.

예술가를 쫓아내는 것과 이상국가와 무슨 관계가 있는데요.

 이상국가는 완벽한 국가, 즉 국가의 이데아를 추구해야 하는 것이지?

그렇죠

 이상국가에서 살아가는 사람들은 동굴 속 죄수들처럼 가짜를 진짜로 믿는 사람들이 아니라 이데아의 세계를 인식할 수 있어야 한다는 데 동의하니?

동의하죠

 그런데 예술은 이데아를 인식하는 데 방해를 하거든. 그래서 예술가들을 내쫓아야 하는 거야.

이해가 안 되는데요

 예를 들어 침대가 있다고 생각해 보자. 그 침대는 목수가 침대의 이데아를 상상하고 그것을 본따서 만든 것이겠지.

그렇죠. 완벽한 침대는 이데아의 세계에 있고 현실에 있는 침대는 침대의 이데아를 모방한 것이니까요.

 그럼 어떤 화가가 현실의 침대를 보고 그림을 그렸다고 하자. 그림 속의 침대는 무엇을 모방한 것이지?

목수가 만든 현실의 침대를 보고 그린 것이니까… 현실의 침대를 모방한 것이죠.

 그럼 화가는 침대의 이데아를 모방한 현실의 침대를 다시 모방한 것이니까 모방품을 또 모방한 것이겠군.

그렇겠죠.

 그럼 세 개의 침대, 즉 이데아의 침대, 현실의 침대 그리고 그림 속의 침대 중 가장 완벽한 침대는 이데아의 침대이고, 가장 부족한 침대는 그림 속의 침대라고 할 수 있겠네.

아무래도 원본이 더 완벽하고 모방할수록 뭔가 부족할 테니까 그렇겠죠.

 그런데 사람들은 화가가 그린 침대 그림을 보고 감탄을 하고 멋지다며 흥분하게 될 거야.

그게 뭐 어때서요?

이상국가의 시민이라면 조금이라도 이데아에 가까이 가려고 노력해야 하는데 화가는 예술작품으로 사람들을 현혹하고 있는 셈이야. 사람들은 침대의 이데아를 생각하기보다는 모방품을 또 모방한 그림을 감상하느라 이데아의 존재를 잊어버리게 될 거야.

예술이 이데아로부터 더 멀어지게 만든다…. 그렇긴 한데.

 연극이나 영화도 마찬가지야. 까칠이 너도 영화를 보면 신나는 기분을 느끼고 고민을 잊게 된다고 했잖니.

그랬죠.

 그건 영화라는 예술이 너의 이성적인 사고를 마비시키고 격정을 불러일으켰기 때문이란다.

그래도 예술을 없애야 한다는 주장은 좀…

 예술이 우매한 시민들을 올바른 길, 즉 이데아의 세계로 인도할 수 있다면 의미가 있겠지만 사람들을 현혹하고 흥분시키는 도구가 된다면 반드시 없애야 한다.

하긴 너무 폭력적인 내용이나 청소년들이 보면 곤란한 외설적인 내용은 좋지 않겠죠 진정으로 지혜를 사랑하는 사람이라면 예술에 빠지지 않아야 한단다.

예술이 없다면 영화도 못 보고 음악도 들을 수 없는데 무슨 재미로 세상을 살아요?

 올바른 삶을 살아간다면 현실에서 얻는 즐거움보다 몇 백 배 아니 수천 배가 넘는 보상을 받을 수 있단다.

그 보상은 언제 받을 수 있는 건데요?

 그것은 육신이 죽은 후 영혼에게 주어지는 보상이야.

죽은 다음에 보상을 주면 무슨 소용 있겠어요.

 아직도 육신의 욕구에서 벗어나지 못하고 있구나.

죽은 다음의 세상을 본 사람이 아무도 없으니 당연한 거 아닌가요?

 죽은 다음의 세상을 경험한 사람이 있어.

그게 누군데요.

플라톤, 국가를 상상하다

옛날 팜필리아라는 종족 중에 '에르'라는 사람이 있었다. 에르는 전쟁터에서 죽었는데 그의 시체는 12일 동안이나 썩지 않고 멀쩡한 상태로 있었어. 사람들이 그의 장례를 치르려고 시신을 장작더미에 올리고 불을 붙이려는데, 죽은 줄 알았던 에르가 벌떡 일어난 거야.

믿어지지가 않아요.

 짜식, 속고만 살았냐? 끝까지 들어 보기나 해.

알았어요.

 에르는 12일 동안 자신이 저승에서 경험했던 이야기를 사람들에게 보고 들은 대로 들려 줬어.

꼴깍~ (침 넘어가는 소리)

육체를 떠난 에르의 혼은 다른 혼들과 긴 여행을 끝에 신기한 곳에 도착했지. 그곳에는 하늘과 땅을 향해 각각 두 개의 구멍이 뚫려 있었어. 도착한 혼들은 그곳에서 살아 있는 동안 했던 말과 행동에 대해 심판을 받게 돼. 심판의 결과에 따라 올바른 삶을 살았던 사람은 하늘로 뚫린 구멍으로 올라가고 올바르지 못한 삶을 살았던 사람은 땅속으로 뚫린 구멍으로 내려가게 된단다. 하늘로 연결된 또 하나의 구멍에서는 순수한 혼들이 내려오고 땅속과 연결된 또 다른 구멍에서는 오물과 먼지를 뒤집어쓴 혼들이 지친 모습으로 올라오는 게 보였지. 그들은 모두 천 년 동안 하늘과 땅을 여행하고 돌아온 혼들이었던 거야.

천년이나요?

 하늘과 땅을 여행하고 돌아온 혼들은 넓은 들판에서 만나 서로가 겪은 일들에 대해 이야기를 나누었지. 하늘에서 돌아온 혼들은 행복했던 경험을 이야기하는 반면 땅 속 세계를 경험하고 돌아온 혼들은 자신들이 지은 죄에 따라 엄청난 고통을 받았다고 해.

하늘은 천국이고 땅속은 지옥이네요.

 그런데 땅속에서 가장 고통스러운 벌을 받은 사람이 누군지 알겠니?

글쎄요…. 도둑이나 강도를 저지른 사람 아닐까요?

아니. 바로 살아 있을 때 독재자인 참주노릇을 했던 사람들이었다는구나.

하긴 참주는 국가 전체를 불행하게 만든 죄가 크니까요.

 8일째 되는 날 혼들은 다시 먼 곳으로 여행을 떠나게 되었지. 새로 도착한 곳에서 그들은 지구와 천체를 관통하는 거대한 빛을 볼 수 있게 되었지. 빛의 중간에는 여러 개의 띠가 연결되어 있는데, 띠를 따라가 보니 거기엔 운명의 신, 아낭케 여신이 있었어. 아낭케 여신은 옥좌에 앉아 8개의 돌림판이 연결된 방추를 돌리고 있었다는구나.

왜 하필 돌림판이 여덟 개죠?

 여덟 개의 돌림판은 천체를 상징한단다. 각각 토성, 목성, 화성, 수성, 금성, 태양과 달 그리고 지구를 의미하는 거야.

거기에 도착한 혼들은 어떻게 되나요?

 아낭케 여신 주변에는 세 명의 딸들이 있는데 그들은 혼들이 운명을 선택하도록 도움을 주는 여신이야. 혼들은 자기 앞에 떨어진 조각을 받게 되는데, 그 조각에는 삶의 표본이 적혀 있어. 혼들이 조각을 선택하면 거기에 적힌 대로 운명이 결정되는 거야.

에르라는 사람은 어떤 운명을 받았나요?

에르는 운명의 조각에서 제외되었기 때문에 다시 현실 세계로 돌아올 수 있었단다. 에르는 다른 혼들이 운명을 선택하는 것을 보았는데 어떤 혼은 참주의 운명을 선택했다가 결국 땅을 치며 후회하는가 하면 어떤 혼은 올바른 삶을 선택하고 행복한 삶을 살았다는구나. 대부분의 혼들은 자기가 죽기 전에 했던대로 운명을 선택했지만 반대로 선택한 사람도 있었다는구나.

그게 누군데요?

 바로 트로이 전쟁의 영웅 오디세우스였단다.

오디세우스라면 그리스신화의 주인공 아닌가요?

 맞아. 오디세우스는 살아가는 동안 온갖 고생을 해서인지 권력과 명예를 모두 버리고 그저 평범한 삶을 선택했다고 하더구나.

그 다음에 혼들은 어떻게 되나요?

 운명을 선택한 혼들은 모두 레테의 강에 도착하여 물을 마시게 되는데, 에르가 물을 마시려고 하자 누군가 마시지 못하게 제지했다는구나.

왜요?

플라톤, 국가를 상상하다

226

레테의 강은 망각의 강으로 알려져 있단다. 그 물을 마시면 모든 기억이 사라지게 되어 있어. 에르의 혼은 다시 세상으로 돌아갈 운명이었으니까 강물을 마시지 못하게 한 것이지.

그럼 나머지 혼들은 어찌되었나요?

그들이 물을 다 마시자 갑자기 천둥이 치고 지진이 일어나더니 각자 선택한 운명으로 다시 태어나기 위해 뿔뿔이 흩어져 날아갔다고 한다.

에르는요?

천둥소리에 놀라 기절했는데 깨어나 보니 장작더미 위에 있는 자신을 발견한 것이지.

비슷한 이야기를 어디선가 들어 본 것 같아요. 죽은 후 다시 태어난다는 불교의 윤회설과도 유사하고.

에르의 이야기는 오랫동안 사람들의 입에서 입으로 전해지면서 사람들이 믿게 되었단다. 에르의 이야기를 통해서 우리는 어떤 삶이 진정으로 올바른 삶인지를 생각해 볼 수 있단다.

아직 잘 믿어지지는 않지만 에르의 이야기가 무엇을 비유하는 것인지는 알 것 같아요.

조금이나마 이해하고 공감했다니 다행이구나. 인간의 혼은 육체라는 감옥에 갇혀 있어. 육체는 이성을 마비시키려고 끊임없이 욕구와 탐욕의 혀를 널름거린단다. 하지만 육체는 언젠가는 소멸되고 말지. 반면 혼은 영원하단다. 혼의 불멸성을 믿는다면 우리는 언제나 올바름을 실천하기 위해 노력해야 해. 언젠가 혼이 육체의 감옥에서 자유로워질 때 천년의 긴 여정을 거쳐 결국 좋음의 이데아에 다다를 수 있을 테니까.

왠지 엄숙한 기분이 들어요.

 내가 『국가』를 통해서 내가 해 주고 싶은 말은 여기까지다.

그럼 이제 할아버지와 헤어져야 하는 건가요?

 헤어지는 것이 아쉽니?

솔직히 아쉬우면서도 한편으론 후련하기도 해요. 이런 걸 시원섭섭하다고 하나요?

 ㅎㅎ 걱정마라. 『국가』는 여기서 막을 내리지만 다행히 내 제자인 플라톤이 쓴 책은 『국가』 말고도 많으니까.

그럼 다른 책을 통해 할아버지를 다시 만날 수 있겠네요.

 아마도 지겹게 만나게 될 걸.

플라톤, 국가를 상상하다

그래도 조금 서운해요. 할아버지와 대화를 나누면서 많은 것을
배우게 되었어요.

 까칠아, 너도 수고 많았다. 이제 올바름이란 무엇인가에 대
해 너 스스로 생각해 볼 시간이다.

    스마트폰 화면이 뿌옇게 흐려지더니 소크라테스 할아버지의 모습
이 사라졌습니다. 까칠이는 자기 뺨을 스마트폰 화면에 가만히 대보
았습니다. 소크라테스 할아버지의 음성이 들려오는 것 같았습니다.

이데아를 향하여

　완전한 올바름은 이데아를 인식할 수 있을 때 가능하다. 그런데 예술은 이데아를 모방한 현실을 다시 또 모방한 것이므로 이상국가에서는 예술과 예술가를 추방시켜야 한다. 예술은 인간의 이성을 혼탁하게 만들어 이데아의 인식을 방해하기 때문이다.

　육체는 유한하지만 인간의 혼은 영원하다. 죽음은 혼이 육체로부터 자유로워지는 것이라고 할 수 있다. '에르의 신화'는 죽은 후의 세계를 보여 준다. 인간은 죽은 후에 자신이 살아온 삶에 대해 심판을 받고 다시 새로운 삶을 선택하여 환생하게 된다. 즉 육체는 소멸하지만 혼은 영원히 살아서 삶을 반복하는 것이다. 다만 레테의 강물을 마시고 망각하게 되므로 전생의 삶을 잊게 되는 것이다.

　혼의 불멸성을 믿는다면 인간은 항상 올바름을 인식하고 실천함으로써 이데아의 세계로 다가가려는 노력을 멈추지 말아야 한다.